青春期心理成长知识星球

认识自我和情绪调适

吕剑晨　张　碧　何佐钦　周芸婷　黄　莹/著

中国妇女出版社

图书在版编目（CIP）数据

青春期心理成长知识星球 ：认识自我和情绪调适 / 吕剑晨等著. -- 北京 ：中国妇女出版社，2024.1（2024.6重印）
ISBN 978-7-5127-2343-6

Ⅰ.①青… Ⅱ.①吕… Ⅲ.①青春期－心理健康－健康教育 Ⅳ.①G479

中国国家版本馆CIP数据核字（2023）第216624号

责任编辑：赵　曼
封面设计：末末美书
插　　画：至善奥博—乌鸦
责任印制：李志国

出版发行：中国妇女出版社
地　　址：北京市东城区史家胡同甲24号　　邮政编码：100010
电　　话：（010）65133160（发行部）　　65133161（邮购）
网　　址：www.womenbooks.cn
邮　　箱：zgfncbs@womenbooks.cn
法律顾问：北京市道可特律师事务所
经　　销：各地新华书店
印　　刷：小森印刷（北京）有限公司

开　　本：150mm×215mm　1/16
印　　张：11.75
字　　数：100千字
版　　次：2024年1月第1版　　2024年6月第2次印刷
定　　价：49.80元

前言

“我是一个怎样的人？”“我将成为一个怎样的人？”“为什么我会感到难过？”“我有怎样的性格？”……

在成长的旅程中，也许你曾无数次地对自我与情绪产生过好奇，也曾认真又迫切地发问。

发问，即思考。那些关于名字、兴趣、性格、能力、价值观、身体变化等问题，都会成为你思考的对象。青春期是人格形成的关键期，也是独立自我形成的关键期，在此阶段，如果你的思考能够及时被觉察和回应，并得到支持和鼓励，那么你一定会变得更积极勇敢，更有力量奔向远方。

发问，亦是行动。你会感受到如过山车般的情绪风暴、听到喷火龙般的愤怒之声、看到绿眼怪般的嫉妒之面……你会深夜 emo（伤感），也会感到孤独；你会偶尔敏感，也会因面临大事而紧张；你会事后后悔，也总不忘去追求未来的幸福。青春期的你情绪复杂且波动频繁，你体验着比以往更加丰富的情绪感受。如果这些情绪感受都被允许表达，那么你的眼中一定会闪烁出绚丽的光芒，你的嘴角也会绽放出更灿烂的笑容。

本册《青春期心理成长知识星球——认识自我和情绪调适》聚焦“认识自我”与“情绪调适”两大主题，每篇文章都从一个与你有关的驱动性问题出发，引入与你同龄的林子宸与宋语昕的成长故事，通过走心实用的方法与简单易行的练习，共同探讨青春谜团，共赴成长之路。

愿我们在不断的发问、思考与行动中，见证青春的力量与奇迹！

“自我‘探索家’”内容介绍

这部分内容主要聚焦“认识自我”。青春期是一个不断寻找自我、探索自我，并进行自我认同的阶段。在这个阶段，你会有很多惊喜的发现：名字的背后蕴藏着祝福的密语；性格的“内核”有个闪亮的发光体；你比想象的更美丽；原来，你就是独一无二的个体……发现的过程是一个惊喜不断闪现的过程。同时，伴随成长惊喜的还有一些不期而遇的困扰，如内耗、容貌焦虑、突如其来的身体变化等。通过这部分内容，你会学到：没有人是完美的，勇于接纳不完美的自己才是真正改变的开始！

“情绪‘降落伞’”内容介绍

这部分内容主要聚焦“情绪调适”。青春期是一个人的情绪从简单到复杂的关键过渡期。在这个时期，你会解锁诸多此前没有遇到过的情绪体验：上午还开心得手舞足蹈，下午可能就会烦躁不安，晚上还可能莫名 emo……情绪如坐过山车般变化，会让你感觉不可思议，同时也会让周围的人对你产生很多的误解。考试时的紧张不安、一个人的孤独、无人诉说的敏感……这些都是你可能会感受到的情绪。通过这部分内容，你会学到：所有的情绪都是有意义且被允许的，当你尝试着去合理表达与调适情绪，你就是情绪的主人！

人物介绍

林子宸

从未碰面的朋友们，你好！我叫林子宸，你可以称呼我为子宸。我是一名阳光开朗的男孩，今年已经上初一啦！我对人热情友善，总是尽力去理解他人。我觉得学习是一件挺有趣的事，尤其是在我能顺利解决难题时。我喜欢交朋友，也热爱各种运动，特别是篮球。

我有着强烈的集体荣誉感，无论是在学习还是生活中，我都愿意为团队的成功付出努力。我对世界充满好奇，家里有许多百科全书、推理解密类书籍，我喜欢挑战自己的思维。

我擅长的科目是数学，我热衷于解决各种数学问题。不过，有时候我会有些粗心，上课偶尔也会分心，毕竟你也知道，人无完人嘛！

总体来说，我是一个热爱学习、喜欢交友、对世界充满好奇的男孩。我始终相信，只要我努力，就能克服任何挑战，实现自己的梦想。

宋语昕

从未碰面的朋友们，你好！我叫宋语昕，我还有一个昵称叫宋宋。我是一个安静的女孩，今年也上初一，和林子宸同班。我喜欢想象，常常幻想未来。对于现在，我习惯把事情安排得井井有条，有自己的时间安排表。我不怎么广交朋友，只有几个特别要好的闺密。

在家里，我喜欢听歌、看电视剧。我还有自己正在追的偶像，收藏了很多偶像的照片。通过粉丝群，我还认识了不少网友呢。

在我的书柜里放着一些小说、漫画书和散文、诗歌集。我很擅长语文，作文常常被老师当作范文。

上了初中以后，我发现自己有了很多变化，身边的同学们也变得不太一样了，这让我感到很好奇。

总体来说，我是一个喜欢想象、内心有一个小小世界的女孩。我相信，足够的专注和努力，就能够让我成为更好的人。

目录 CONTENTS

Part 1 自我“探索家”

Part 1

自我“探索家”

1 独一无二的我

我会是一个特别的人吗？

你在生活中是否遇到过这样的情况：你或者你的同学出门前习惯照照镜子、捋捋头发，关注自己的衣服好不好看、身材是不是胖了；学校艺术节上，看到别人在舞台上闪闪发光，你很羡慕但又不知道自己能展示什么；偶尔你会问自己“我是谁”“我从哪里来”“我要到哪里去”……以上这些，其实都是我们关注自我的体现。接下来，我要为你介绍的这位 13 岁的“小大人”林子宸，他就遇到了和你同样的问题。

初入班级，班主任让每个人准备一份详细的“个人名片”，既包括介绍自己，也包括邀请同学对自己进行评价。“跳舞算特长吗？”“我最感兴趣的活动是睡觉，可以写上去吗？”“什么是性格？”林子宸看到活泼开朗、多才多艺的同桌已经完成任务，而自己还在纠结一系列问题，他内心很着急却迟迟没有动笔。他不知道应该从哪些方面来介绍自己，也不知道自己展示什么能让其他人记住。如果找同学写点评，又担心新同学因为不了解自己而拒绝……

子宸的烦恼，是我们成长路上“自我意识增强”所带来的正常反应，是青少年成长阶段的必修课之一。在这个阶段，我们既想多方面地了解“我是谁”“我将成为谁”，又不知道应该从哪些方面入手；很想让其他人关注自己，又因为害怕表现而退缩。青春期这段充满矛盾的时期，美国心理学家爱利克·埃里克森称之为“自我同一性的矛盾时期”。

在青春期，我们会格外关注“我自己”。比如，日常生活中，我们使用最多的字恐怕就是“我”了。在公共场合，即便环境再嘈杂，如果有人突然提到我们的名字，我们也会立即识别出来并作出相应的反应。埃里克森认为，如果我们能顺利通过青春期，就会有清晰的自我概念、坚定的自我信念。反之，如果“我是谁”的问题一直得不到解决，长此以往会影响我们自身及周围的人。唯有认清自己、接纳自己，发展出健康的自我概念，我们才有能力去认识别人、肯定别人，并与他人建立良好的人际关系。

历史上有很多人在关注“我是谁”的问题：老子的“自知者明”、苏格拉底的“世界上最难的一件事是认识你自己”、古希腊德尔斐城的阿波罗神庙“认识你自己”的箴言……这些都告诉我们，认识自己是多么重要！

我们成长的过程，其实就是一个不断认识自我、超越自我的过程。

大家不妨借用《哈利·波特与魔法石》中一面非常神奇的厄里斯魔镜来看看自己。厄里斯魔镜顶部刻了这样一段魔法语：“Erised stra ehru oyt ube cafru oyt on wohsi.”你能破解这句魔法语的含义吗？如果不能，试一试把这句魔法语从右往左翻转过来看看呢——“I show not your face but your heart’s desire”。神奇的厄里斯魔镜使人们看到的不仅仅是外貌，还有自己内心深处最迫切、最强烈的渴望。

其实，我们每个人的心中都有一面镜子，它映射出的是我们对自我的认识。这份认识既包含外部形象、内心渴望，还包含我们的性格特质、兴趣爱好、能力特长和价值观等。那么，我们可以借助什么方法了解自我呢？

方法一：认识自我的三个方面

想要顺利度过青春期这段“自我矛盾期”，就要了解自己各方面的特点，也可以通过他人的评价帮助我们更全面地了解自己。美国心理学家威廉·詹姆斯把认识自我分成三个方面：第一是“生理我”，指对自己外表和身体状况的观察和认识，包括身材、性别、外貌、年龄、健康状况等。比如，有的人保持光头形象，这就是他的“生理我”。第二是“心理我”，指对自己精神世界的观察，包括智力、能力、性格、兴趣等。比如，有的同学擅长运动、有的同学擅长学习，这些能力特长都属于“心理我”。第三是“社会我”，对我们来说，主要是指自己在朋友、家庭、班级、学校、社会中的位置和作用，包括在公共生活中的举止表现及在社会上的适应能力。比如，在学校，无论是班长还是纪律委员，这些身份都属于“社会我”。

每个人的生理我、心理我、社会我都不尽相同，而且都是独一无二、弥足珍贵的。现实中，我们扮演着不同的角色，如孩子、学生、朋友等，也承担着不同的责任和义务，每个人的存在都有不同的价值和意义。

方法二：乔哈里窗

自我认识的整合离不开另一面镜子——乔哈里窗，这是美国心理学家乔瑟夫·勒夫（Joseph Luft）和哈里·英格拉姆（Harry Ingram）提出的一种自我认识的模式。你可以把乔哈里窗想象成一面大窗户，将其分为四个区域：公开我，盲目我，隐秘我，未知我。每个区域的特点不尽相同。比如，身高、长相等大家都知道的特点属于“公开我”；经常跷二郎腿的小动作，自己没有意识到，别人说了你才发现，这属于“盲目我”；一些痛苦心酸的经历等，我们不愿意或不能让别人知道，这属于“隐秘我”；一些我们没有开发出来的潜能，则是“未知我”。

乔哈里窗可以帮助我们了解自己的更多面。四个区域都是我们自己，它们是我们自己的不同面，每一面都很珍贵。可能我们的乔哈里窗每个区域的面积并不一样，这也正是我们的独特之处。我们对自己的认识，或理想或现实，或主观或客观，或积极或消极，这些不同角度都能在一定程度上反映我们自我认识的总体情况。同时，他人的评价有助于我们形成对自己更为客观、完整、清晰的认识。

看到“自己”真实的模样，我们才能够了解这是不是我喜欢的自己，哪里需要调整、哪里可以保留。虽然每个人的乔哈里窗的总面积固定，但不会刚好平均分成 4 等份，每一扇窗的面积都是变动的；同时，一个区域面积大小的变化会影响其他区域面积的变化。

我们的成长需要缩小“盲目我”的区域面积，避免“当局者迷，旁观者清”；还要缩小“隐秘我”的区域面积，因为过度的隐藏可能让别人难以理解和亲近你，而你也更容易陷入孤独中。当这两个区域的面积缩小时，“公开我”这一区域的面积会随之扩大，这将有利于我们和他人良好地交流。

我们要通过不断努力，去发掘更多的“未知我”，从而发掘隐藏在海面之下的冰山的巨大潜力。当我们不断反省自己、完善自己，就能发现、了解更全面客观的自己。

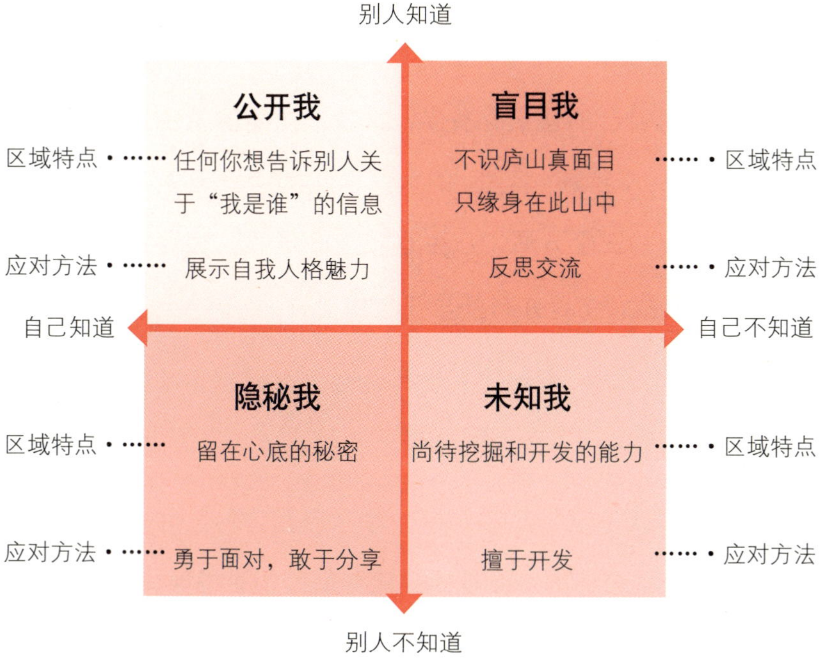
别人知道
公开我
区域特点
任何你想告诉别人关于“我是谁”的信息
应对方法
展示自我人格魅力
盲目我
区域特点
不识庐山真面目
只缘身在此山中
应对方法
反思交流
自己知道
自己不知道
隐秘我
区域特点
留在心底的秘密
应对方法
勇于面对，敢于分享
未知我
区域特点
尚待挖掘和开发的能力
应对方法
擅于开发
别人不知道

“我是谁”的识别

你对自己的认识有多少？请找一个安静的空间，坐下来想一想：“我是________的人。”可以参考心理学家詹姆斯认识自我的三个方面，从生理我、心理我、社会我三个方面进行自我评价，并将其写在表格中。

温馨提示：想到什么就写什么，写得越多越好，写的内容完全取决于你的主观感受。

在“我是谁”的探索中，除了自我评价，他人评价也是我们认识自我的一面镜子，能帮助我们更好地认识自己。你可以试着邀请他人对你所写的“自我评价”进行判断：赞成打“√”，不赞成打“×”，不清楚打“？”。当然，对于你没有认识到的特点，可以欢迎他人多多补充。

自我评价	他人评价（打“√”“×”“？”）
我是______的人	
我是______的人	
我是______的人	
我是______的人	
我是______的人	
我是______的人	
补充：	

“我是谁”的整合

完成第一步后，你可以试着将“√”“×”“？”对应的“我是______的人”的答案填入乔哈里窗对应区域，形成专属于你的乔哈里窗。填完后想一想，你的乔哈里窗有什么特点？乔哈里窗让你产生了哪些新的认识？

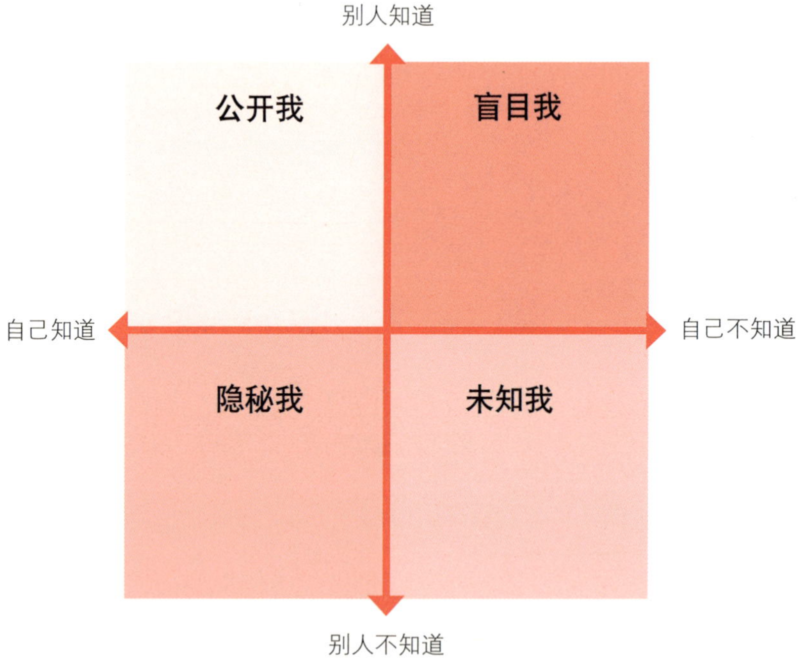

当然，认识自我是一个动态变化的过程。随着年龄的增长、生活阅历的增加，你会不断探索自己、发现自己、发展自己，逐渐成为更好的自己。

在接下来的章节中，我们将从名字、性格、兴趣、能力、价值观等方面出发，帮助你积极探索自我，也会从远离内耗、减少容貌焦虑和青春期烦恼等方面出发，帮助你尝试去接纳不完美却很真实的自己。

2 名字背后的祝福

我为什么叫宋××？我为什么叫这个名字？

“刘集，你真是人如其名，看来以后真的要留级啊。”

“大壮，哈哈哈哈，你是不是很能吃呀！”

“浩然，我还以为你是男生呢！”

“为什么我要姓爨？太难写了，想哭。”

……

你有想过自己为什么叫现在这个名字吗？认识自我，首先要从认识自己的名字开始。很多人会好奇，我为什么叫这个名字？有什么特殊意义？也有人对名字有各种困惑，比如，不喜欢自己的名字、觉得谐音不好听、太中性了或与性别不符、读起来不顺口、字难写等，甚至想去改名字……同学宇轩正在跟宋语昕倾诉她关于自己名字的烦恼：

宇轩："我一直对自己的名字不满意，很多人第一次见到我，都会不由自主地来一句：'啊，原来你是女生？'宇和轩这两个字太男性化了，难怪人家会对我的性别感到诧异。这个名字不秀气、不典雅、没女孩子味儿。像我同学的名字多好听啊，什么瑶啊、婉啊、婧啊、雯啊、甜啊，多文秀，多女孩子气！从小我还经常遇到和我同名的同学，刚才语文课上，老师点名回答问题，我和另一个男'雨轩'同时站了起来，太尴尬了！好想改名字啊……"

为什么我们会对名字有各种困惑和不解？一方面，你对自己的第一认识是从名字开始的，你会对自己的名字充满好奇，会好奇地问父母自己为什么叫这个名字，社会也会对你名字的含义赋予一定解释，从而对你的内心产生影响，久而久之，你的性格也会受影响。这就是心理学上所说的名字会影响你对自己的认识，甚至影响你对自己的期望。当你的期望和实际名字不相符时，你会将失败归因于名字。比如，刘集觉得自己可能会“留级”，这是名字谐音给他的消极暗示，导致他不喜欢自己的名字。

另一方面，他人对你名字的评价也会影响你对自我的看法。比如，宇轩总被误认为是男生，雅文总被认为是优雅文静的女生，但如果我告诉你，宇轩是温柔安静的女生，雅文是热情开朗的男生，你是不是会惊掉下巴？这些现象在生活中很常见。

名字中的一些字会引起我们的联想，这种联想有时候属于“刻板印象”。你关于名字的困扰，可能就是因为你在乎自己在他人心目中的形象。值得注意的是，虽然别人会因为名字对你产生第一印象，但第一印象和刻板印象并非总是正确的，我们的性格也不一定真的按照名字的寓意去发展。

一个人的自我接纳可以从喜欢自己的名字开始。下面我们介绍两个接纳自己名字的小方法。

方法一：“看见”姓名背后的独特性

接纳名字的第一步是“看见”。你知道自己的姓名有什么含义吗？说到姓氏，大家都耳熟能详。“姓”是一种十分有趣的文化，《百家姓》里面的姓氏各有特色。

宋语昕发现有很多和自己同姓的名人，如宋庆龄、宋江等，“没想到我的姓竟然这么了不起，出了那么多名人！感觉好自豪！”你也不妨去查一查和自己同姓的名人，感受你的姓背后的历史感和成就感。

除了“姓”之外，“名”往往承载着父母对你的殷切希望与祝福。现如今，许多父母在给孩子取名的时候大有讲究，可能与孩子的性别、辈分等有关，也可能出于对孩子的性格、能力等方面的考虑，也可能为了表达抱负、祝愿、赞美或承载纪念意义。比如，“国庆、解放、和平、海平”等带有时代变革的特点，“小满、谷雨”是根据自然节气取名，“欣睿、博文、骁腾”则承载了父母的期望。

小小的名字，不仅是一个简单的符号，背后还隐藏着很多故事，可能是家族故事、出生故事、父母爱情故事等，故事中蕴含的都是家人对你的爱和期许。虽然每个人对自己名字的感知并不总是阳光、积极的，又或许你觉得自己的名字并不完美，带给你各种各样的烦恼，但你的名字一定是独一无二的。家人们不一样的期许造就了我们不一样的名字，这份简单质朴的爱会伴随着我们成长。爱自己，从爱自己的名字开始。

方法二：积极暗示

当你犯错时，你会担心被叫全名；当你获得荣誉时，你会期望被叫全名……这些有趣的现象表明：你对名字的态度可能与你的整体状态有关。如果你对近期表现不满意，就会很害怕别人叫你全名；如果一段时期里你的生活、学习都非常出色，则不会有类似的担心。

美国社会学家罗伯特·金·莫顿的“自证预言”表明：当我们渴望某一件好事情发生时，会倾向于找寻符合该期望的正面信息，这会使我们变得越来越乐观和充满自信，行为上也变得更积极，从而提升我们成功的概率。相反地，我们越担心坏事情发生，便会越留意不利的信息，不利信息越多，我们的心情越会焦虑不安，导致行动消极、被动或过度保护自己，坏事情更容易发生。

所以，从积极角度看待名字吧，越是反复念自己的名字，越会增加自我肯定感。这不仅是肯定，同时也是一种接纳。接纳的目的是让自己更好地迎接未来，给予自我的“积极暗示”会带来超凡力量。总而言之，每个人的姓名都蕴藏了诸多含义，你对名字的积极暗示越多，就会越自信！

宇轩也试了试这两个方法。首先，她发现了“宇轩”这一名字的独特性。“宇轩”蕴藏着父母满满的爱和期望，父母希望自己有非凡的气度，能取得卓越的成就。其次，她积极暗示自己：宇轩宇轩，气宇轩昂，多豪气啊！谁说女子不能用“宇轩”这个名字？这么一想，宇轩觉得自己的名字也很不错呢！

如果你对自己的名字实在是不喜欢，不妨试试这两个小方法吧！

名字联想作画

（1）对名字进行联想

请找一个安静的空间，准备一张白纸，写上你的名字。在名字下方，写出你看到自己名字时会想到的词语或画面，或者任何有关该名字的联想都行。

（2）绘制“名字之画”

根据名字的联想，试着为你的名字创作一幅“名字之画”。可以用彩笔绘画你心中的名字之画，也可以利用身边的其他材料，如彩条、报纸、纽扣、彩纸等，装饰你的名字之画，让你的名字之画“穿花衣、变模样”。

温馨提示：联想和作画可以展现名字背后的现实意义，也可以表达自己对名字的困惑或期待。

名字能量站

请找一个安静的空间，把注意力放在你的名字上。从出生时名字就陪伴着我们，到现在已经有很长一段时间了。也许我们写过很多遍名字，但很少真正感受过它。现在你可以来感受一下：

想一想，你的名字中除了姓氏外，还有几个字？

联想每一个字时，你对这些字或由它们组成的词组有什么样的感受？

每个字能让你想到什么谐音字？

谐音字能让你想到什么积极的词？

慢慢地，你对自己名字的认识会越来越清晰，你可以用一种契合你感觉的方式，把谐音组成的积极词语写下来，也可以邀请朋友、家人书写与谐音相关的积极词语。

3 性格里的闪光点

什么样是好性格的人？我是一个好性格的人吗？

“像我这样（优秀/聪明/迷茫/懦弱/莫名其妙）的人，世界上有多少人……”一首毛不易的《像我这样的人》，唱出了很多人的心声。在成长的过程中，父母、亲戚、老师或同学都会对我们的性格进行评价。

“这孩子性格好，阳光积极又懂事，以后肯定有出息。”

“他胆小、害羞、脆弱，像个闷葫芦似的。”

“我的同桌是一个多愁善感的人。”

“我的闺密非常直爽，和她交流起来非常放松。”

……

那些关于性格的评价，给我们带来思考的同时，也会带来一些困惑与好奇。我们都想知道自己的性格好不好、受不受欢迎，林子宸同学也不例外。

子宸的弟弟已经上小学六年级了，他性格急躁，说话就像打机关枪似的，做事经不起多一分钟的等待，真的是一点耐心也没有。上周末早上，子宸和弟弟约好去羽毛球馆打球，原定9点钟出门，可子宸因为肚子不舒服耽误了一些时间，弟弟就在门外大声催促，几乎每过一分钟，就要去敲门。反之，子宸则不紧不慢做着准备，虽然因肚子不舒服有些影响节奏，但他很快调整了安排，并在9点准时带着弟弟出了门。在路上，弟弟对子宸说："哥，你好慢啊，你怎么跟个乌龟一样慢吞吞的！"

心理学上，性格反映的是一个人的稳定态度和习惯化的行为。比如，喜欢人际交往的人一般看起来更外向、活泼、有朝气，做事风风火火的人往往性格更豪爽利落，说话温温吞吞的人可能性格更沉稳冷静等。我们的性格就藏在这些点点滴滴、稳定且习惯化的态度与行为中。

一般来说，我们会将性格分为外向型、内向型和中间型。想要了解自己的性格类型，可以试试以下简化版的性格测试，你可以用打“√”来勾选出符合自己的选项。

勾选	A组	B组	勾选
	你喜欢坐在教室的前排	你当众发言会有些不好意思	
	老师抽同学发言，你总是先举手	课间休息，你喜欢一个人待着	
	下课后，你总是和同学说说笑笑	你常常会因为两个选择而犹豫不决	
	遇到高兴的事情，你会激动地跳起来	你的课桌总是非常干净整洁	
	你有很多兴趣爱好	遇到难题，你不好意思去请教同学	
	你会说笑话逗别人开心	你可以思考一道题很久很久	
	你喜欢热热闹闹的环境	你会花很长时间去做好一件小事	
	你常常分享自己的趣事	你会耐心听别人把话说完	
	比起写，你更倾向于说	比起说，你更倾向于写	
	你有很多很多朋友，关系不深也可以	你觉得有一两个关系好的朋友足矣	

以上自测中，A组是外向型，B组是内向型，如果“外向型”勾选的个数远远大于“内向型”，则你的性格倾向于外向型，反之亦然。如果外向型和内向型勾选数量差不多，则你可能属于中间型。

上述测试结果仅供参考，想要更全面客观地了解自己的性格，可以询问身边的人对自己的印象，或尝试专业的性格测试。

很多时候，我们会对外向型性格赋予一些正面的标签，如外向的人有活力、人际交往能力强、充满正能量等；与此同时，我们常常把诸如“难以接近”“敏感”等标签贴在内向型性格的人身上。外向的人可能会因此沾沾自喜，内向的人则可能会因此耿耿于怀。这不一定合理，但我们确实容易这样对号入座。

美国“积极心理学之父”马丁·塞利格曼认为，不管是什么性格的人，每个人身上都有突出的个人性格优势。发现这些性格优势，能够帮助我们接纳真实的自己，并重新开启我们的生活。

无论外向还是内向，它们都是我们身上的特点

认识自己和了解自己是我们一生都避不开的课题。如何理性、清醒地看待自己的性格特点呢？“SWOT思维模

型”是我们认识与了解自己的一个工具，它可以帮助我们从内部的“优势”、“劣势”和外部的“机会”、“威胁”四个方面去全面分析自己的性格。就内向与外向性格而言，我们可以尝试做以下 SWOT 分析。

外向性格的 SWOT 分析	
S——优势	W——劣势
外向性格的人特别擅长交朋友，他们喜欢通过与他人交流来获得快乐。他们往往具有很强的表达能力和主动性	外向性格的人可能不擅长理解他人的内心情感，他们不够耐心，很容易给别人留下说大话、不靠谱的印象
O——机会	T——威胁
外向性格的人会因为表达能力强而拥有很多的朋友，这些朋友可以在关键时刻提供支持与帮助，比如，当自己遇到了数学难题时，往往有更多的可能性去找到提供解题思路的同学帮忙	外向性格的人因为把更多的时间花在了与人交流上，相对来说花在自己身上的时间就会减少。他们更容易受他人的影响，容易人云亦云，缺乏独立思考
内向性格的 SWOT 分析	
S——优势	W——劣势
内向性格的人喜欢独自沉思且往往对事物的认识更深刻，善于倾听并理解他人的感受，有耐心，很细心，做事情前会慎重思考并做好计划	内向性格的人可能不擅长人际交往，不擅长应对人际冲突，多是被动接受

续表

内向性格的 SWOT 分析	
O——机会	T——威胁
内向性格的人因为有耐心，所以往往能够长时间专注在一件事情上面，也更容易把事情做到接近完美	内向性格的人一般喜欢遵从计划，遇到突然的变化，会难以适应，容易给自己负面的评价等

（注：以上分析仅供参考，不要对号入座，具体到每个人的性格分析是不一样的。）

在进行了内向与外向性格的 SWOT 分析之后我们发现：每一种性格都有其闪光点（S——优势和 O——机会），也有需要完善与调适之处（W——劣势和 T——威胁）。如果我们能够从更多元的角度去看待自己的性格，那么我们就能在一定程度上避免陷入自我怀疑的境地。外向的我很受欢迎，内向的我也很可爱。

性格无绝对好坏之分，关键是如何应对差异、运用优势

很多时候我们之所以在与他人相处的过程中会苦恼，是因为不同性格的人在交往的过程中会产生一些对彼此的不解与误会。比如：

别看子宸和弟弟是一家人，但两个人从小就经常

发生争执和吵架。弟弟性格比较急，做什么事都希望快速、干脆、利索，而子宸则趋于平稳，甚至有些时候会显得慢悠悠的。一起看电视时，弟弟喜欢跳过不好看的剧情，甚至会开 1.5 倍速看，子宸则对此不予苟同。

不同性格的人会因为性格原因产生一些冲突与矛盾，即我们常说的“性格不合”。

心理学上把将自己的特征看作正面、正常的倾向称为“自我拥抱”。“自我拥抱”的原则是：自己的性格特征是自然的、好的、理所应当的，当其他人展露出与自己不同或相反的性格特征时，他们通常给予负面评价。其实，正是因为不同性格的人同时存在，我们的世界才显得多姿多彩、富有乐趣。

尝试去了解不同人的性格及他们性格中的优点，有助于我们包容和欣赏与我们不一样的人。如果我们是子宸，我们可以尝试以下社交法则。

尝试接纳自己的性格

外向有其独有的优势，内向亦然，它们都是我们身上的特点而已，无论哪样都没有问题。如果将性格优势运用得好的话，我们的“性格”将会是一份难得的礼物。

慢热性格的同学在攻克需要投入时间的难题时，更容易沉下心并顺利解题，而急躁性格的同学在做事时往往目标明确，在行动效率上更胜一筹。因此，我们要在接纳自身性格特点的基础上，在适合自己的领域发挥优势，从而让性格发光。

寻找志同道合者为友

真正的朋友需要经过时间的考验、经过彼此心意的相互确认，即使暂时没有找到志同道合、性格契合的朋友，也请宁缺毋滥、不要着急。不管你是何种性格，只要性格中的一点点微光慢慢聚集，就会让你变成闪耀的发光体。

在日常生活中，我们可以通过以下练习去发现并运用我们性格中的优势。

性格的 SWOT 分析

我们可以使用 SWOT 工具去分析自己性格的闪光点与需要调适之处。接下来请你围绕优势、劣势、机会和威胁四个方面分析自己的性格。你可以不从“内向与外向”入手，而是探讨性格的其他方面，如理性 / 感性。

____________性格的 SWOT 分析	
S——优势	W——劣势
O——机会	T——威胁

性格优势觉察日记

每个人都有自己性格的优势，关键是我们有没有一双发现性格闪光点的眼睛。

你可以以一个月为期限，每天晚上睡前做一个简单的记录，包括“今天我做了什么事＋过程中运用了我性格中的什么优势”。

经过这样持续的练习，慢慢地，你会惊喜地发现你的性格中有了越来越多的闪光点。

4 升级“趣”动力

如何发现自己的兴趣爱好？兴趣广泛好，还是专一好？

你有什么兴趣爱好吗？如果有的话，这个爱好是如何发现的？如果没有的话，那你希望培养什么样的兴趣爱好？

从小到大，宋语昕都是大人眼中的好孩子，成绩优秀，懂礼貌，大家对她的印象就是“学霸潜力股”。但是上了初中后，宋语昕发现周围不仅有很多学习成绩好的同学，还有很多有趣的同学，他们有很多兴趣爱好，如击剑、轮滑、健美操、摄影、剪视频……他们常常因为共同的兴趣而成为朋友，或者在很多公开场合通过兴趣特长去展示与表达自我。反观自己，好像并没有什么能拿得出手的兴趣。家里堆满了她从小到大读过的书，生活百科类、名著小说类、人物传记类……少说也看了两三百本了。相比其他人的兴趣，宋语昕觉得自己的兴趣爱好根本不值一提，她心想："我总不能跟别人说我的兴趣是爱看书吧。如果别人说我是书呆子，那我岂不是更尴尬？"

你有过宋语昕这样的烦恼吗？生活中，父母会竭尽所能地给我们提供经济支持，让我们利用课余时间学习很多技能。大家经常说男生首选体育项目，游泳、篮球等得样样会；女孩最好选艺术，琴棋书画得样样通。不可否认的是，兴趣培养在一定程度上能够拓展我们的发展空间，有些兴趣还可以丰富我们的业余生活，甚至成为我们的终身伴侣。孔子说："知之者不如好之者，好之者不如乐之者。"由此可见，"乐"是至高境界，有一件让我们乐在其中的事情是非常幸运的。

心理学上，兴趣是指一个人力求认识某种事物或从事某种活动的强烈心理倾向。例如，一些动漫迷，说起他们喜欢的角色便会眉飞色舞，遇到角色扮演（cosplay）就会兴奋不已，对 B 站（哔哩哔哩网站）上的动漫视频特别着迷，甚至特地花时间去学习动画、熬夜做视频，这就是对动漫的兴趣。

拥有相同或类似兴趣爱好的同学，有共同的话题，也更容易成为志同道合的朋友。与他人要求自己不得已去做的事相比，在发展自身兴趣的过程中，我们会更积极主动，更能克服各种困难，体验到愉快的情绪和满满的成就感。

兴趣从哪里找呢？它可能藏在你自主的时间里，你可以问一问自己投入自主时间最多的事情有哪些；它也可能藏在你付出的情感里，你可以问问自己做什么事情最开心、最自信、最投入且希望一直做下去。一般来说，以上问题的答案就是我们的兴趣所在。兴趣是那些我们特别喜欢，并愿意投入时间和精力，能带来美好体验的事情。兴趣是我们内心深处的动力源泉！它深深吸引着我们，并让我们一直热血沸腾，有激情、有力量、有创造力。

当我们有了一个兴趣，它能够发展到何种程度，往往取决于我们怎么去培养这个兴趣。生涯规划师古典使用“兴趣金字塔模型”将兴趣分为三个层级：感官兴趣、自觉兴趣、志趣。感官兴趣为最底层，志趣为最高层，上升到志趣的兴趣基本就是“真爱”无疑了。

感官兴趣。感官兴趣是指从感官出发而产生的兴趣，即由好玩、好吃、好喝、好看等感官刺激所带来的外在、短暂的兴趣，如喜欢美食、喜欢插花、喜欢做手工、喜欢看美景等。

自觉兴趣。自觉兴趣是指付出一定的时间和精力去学习，借用一定的资源与力量发展出来的兴趣，如研究插花、研究美食、向传统艺人请教手工艺术技巧、购买专业设备学习摄影技巧等。

志趣。相较于前一个阶段，这个阶段的兴趣所付出的时间与精力更多，与此同时，这个阶段的兴趣需要有一个“价值兑换”的支撑，即能够产生一定的实质价值。比如，通过深入研究传统手工艺，投入了手工艺传承与宣传的事业。又如，就吃饭而言，有人只是喜欢吃，有人却专注于研究美食，练习对美食的色、香、味的敏感性，天南海北去积极探店，撰写美食评论与文章，为各类美食餐厅做宣传，参加美食节目开展的活动，利用自媒体实现价值兑换等。总之，就是身体力行将美食进行到底！

从喜爱到热爱，从感官兴趣到自觉兴趣再到志趣的过程，也就是我们与兴趣彼此驯养的过程。正如法国作家安东尼·德·圣埃克苏佩里的童话作品《小王子》中所说：“只有驯养过的东西，你才会了解它。你们之间才会建立联结，你需要对你驯养的东西负责 。”

我们可以借用兴趣金字塔模型审视我们目前的兴趣，看看它们分别处在兴趣金字塔模型的第几层。有些兴趣你很难在当下做出一个比较清晰的归类，甚至你也很难知道自己的最终志趣在哪里，因为这是需要很长远的思考与规划才可以做到的事情。但没关系，你只需要在当下有一个初步的思考就好。

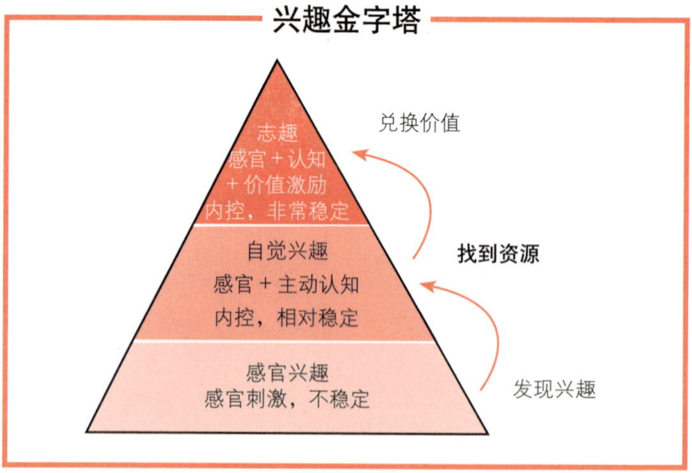

了解完兴趣的三个层级，我们可能有这样一个困惑：在“兴趣广泛”与“兴趣专一”之间如何作选择？由兴趣金字塔模型我们可以看出，我们可以有很多的感官兴趣，但是越往核心方向发展，我们的时间、精力与能力需要达到越来越高的要求。

根据意大利经济学家巴莱多提出的“二八定律”，一个人的时间和精力非常有限，“面面俱到”且“处处完美”很难实现，所以我们要学会合理分配我们所拥有的时间与精力，要尝试把80%的时间与精力花在能出关键价值的那20%的兴趣上。也就是说，我们关注与尝试的兴趣可以有很多，但能够对我们的未来发展产生真正影响力的就是那20%的兴趣。为了选出那关键的20%的兴趣，我们不妨尝试做以下思考：

为什么喜欢做这件事情，是因为好看、好玩还是其他？就一天而言，你愿意花多长时间与精力在这件事情上？如果遇到困难，你愿意克服困难继续做这件事情甚至一辈子都不放弃吗？

如果以上三个问题，你都有了一个肯定的答案，那么恭喜你，你大概率会找到专属于你的那关键的20%的兴趣。如果没有，也没关系，这只是意味着我们暂时还没有特别清晰的兴趣发展方向，更代表着我们拥有无限的可能。做自己感兴趣的事情很幸运也很幸福，在自己热爱的领域努力地“玩”，我们就一定能玩得开心、玩出品位、玩出花样儿，如果再有结伴同行的小伙伴，那就更好了。

兴趣并不一定是与生俱来的，与其去发现兴趣，不如通过刻意练习去培养兴趣。如何培养兴趣呢？以下两个方面的思考方向与行动计划供你参考（参见第39～41页）。

择一兴趣升级

选择一到两个兴趣去深入探究，思考可以采取哪些行动发展自己的兴趣，从而让兴趣得以实现"顺利升级"。下面的兴趣升级表格可以供你参考，它包括以下三个步骤：

（1）选择一个感官兴趣或自觉兴趣，如阅读（自觉兴趣）；

（2）写下这个兴趣的升级方向，如在"小红书"（电商平台）做阅读笔记分享；

（3）思考从喜欢阅读到成为"阅读推广人"需要哪些具体行动。

待升级的兴趣	升级方向	升级的具体行动			
		行动 1	行动 2	行动 3	行动 4

升级行动指南

兴趣升级的具体行动该如何去思考呢？以下三个问题可供你参考。

（1）想给自己带来什么

是愉悦的感觉、与兴趣有关的方法和技能，还是其他的收获与成长……

比如：如何通过有效的阅读获得满足感、成就感、希望感？如何通过阅读提升语言表达能力、宣传能力？如何通过阅读看见更广阔的世界、认识更多有趣的人，从而拓展眼界？

（2）能给他人带来什么

完成这件感兴趣的事情，对他人和社会有什么意义和价值。比如，我如何做才能帮助更多的人通过阅读去发现知识的奇妙、宇宙的精彩？

（3）我能找谁寻求帮助

借助各类资源（家庭、学校、社会等）来发展自己的兴趣。比如，什么平台可以更好地开展阅读，可以找谁帮忙推广阅读活动等。

5 发光不只是太阳的权利

同学们都能歌善舞，我会什么？

在学校里，看到周围的同学能歌善舞、多才多艺，总感觉自己一无是处，比如，背课文总是记不住、不敢发言、学习成绩不好、做事拖拉……为什么我会觉得自己不如其他人？我自己有没有闪光点呢？

学校举办科学比赛，子宸所在的班级要挑选10人代表班级去参赛。子宸看到同学们都积极报名：有的人喜欢拼图、喜欢玩魔方，对形状有丰富的想象力和创造力，便报名参加了图稿设计活动；有的人擅长写文章，文采飞扬，作文经常被老师当作范文展示，便报名参加了总结书写工作……子宸陷入了沉思：同学们都太优秀了，他们怎么什么都会！而我呢，不会唱歌跳舞，也不会主持，就连自己练习了五年的钢琴和书法，也比不过更专业的同学。“我难道真的一无是处？”子宸趴在座位上，闷闷不乐地想着。

你是否也有子宸这样的烦恼？面对多才多艺的同学们，不禁发出“我会什么呀？”的疑惑。我们真的像自己想的那样一无是处吗？不妨先来看一个故事：

一位老人坐在湖边垂钓，他的身边坐着一个年轻人。老人问：“为何你总是这样垂头丧气？”“唉，我一无是处。”年轻人答道。“那这样吧，我出20万元买走你的自信心。”“没有那点自信心，我什么也做不了，不卖！”“我再出20万元买走你的智慧，你可愿意？”“一个空空的头脑什么也做不了，我还是拒绝。”“我再出30万元买走你的外貌！”“没有外貌我还开心得起来吗？不卖。”“这样吧，最后我再出30万元买走你的勇气，如何？”“我可不想成为一个一蹶不振的人。”

就像故事中的年轻人一样，你自认为一无是处，其实你身上具有很多的优点，如善良、智慧、勇气……只是我们没有发现而已。日常生活中，如果你看不到自己的优点，可能是下面这几个原因导致的。

不自信。长期处在不自信的消极情绪中，你会对自己的认识存在偏差，认为自己所有的方面都不如别人，任何事都处理不好，而无法看到你的有些行为举止其实恰恰能反映出自己的优点。比如，有的人虽然文字类记忆力不佳，背书记不住，但擅长图画记忆；有的人虽然不敢公开发言，但作文经常被当作范文，等等。

看事物的角度不恰当。学校举行文艺表演赛，每班只有一个名额，你的同桌很想参加，最后你决定不参加。这可能被认为是缺乏进取心，也可能被认为是一种礼貌，是对其他人的谦让。有些行为从正反两方面看，结果会完全不同。

他人反馈的影响。你对自己的能力认识离不开他人的评价和反馈，也离不开你和他人之间的比较。比如，子宸明明已经考过了钢琴八级，但同桌学钢琴已达到十级，每次音乐课上老师都会让同桌做示范，同学们也都夸子宸的同桌是班级里弹钢琴最厉害的人。久而久之，子宸就觉得自己的钢琴表演根本拿不出手。

当你觉得自己不如别人时，可能只是因为你没有认识到自己的优势。现实生活中，即便是能力发展不平衡的人，也可以取得巨大成功。如“数学天才”韦东奕，他虽然不擅长交际，但是却在各种数学大赛中取得头奖。试想一下，如果让姚明去弹钢琴、让贝多芬去跳舞、让爱迪生去打篮球，他们还会成名吗？正如爱因斯坦所说，每个人都是天才，但如果你用爬树的能力来评价一条鱼，鱼一生都会认为自己很愚蠢。

所谓“龙生九子，各有不同”，这里的“不同”核心指的是每个人各有其优势和劣势。如果我们对自己的优势和劣势有所了解，就能扬长避短。那么该如何发现自己的优势呢？我们可以尝试应用多元智能理论。

美国哈佛大学心理学教授霍华德·加德纳提出了多元智能理论。他在研究中发现，有的病人虽无法说话，但写作能力却不受影响；有的病人虽然半身瘫痪，但依然可以解答高难度数学题……他总结出，单凭智商测试来判断智商的方式是片面、不科学的。加德纳认为，我们每个人都拥有八种主要智能。

内省智能。指认识、洞察和反省自身的能力，擅长该智能的人对自身感觉和情绪反应比较敏感，可以时刻反省自己的所思所想。比如，宋语昕每天写日记，记录对重要事情的感想。

人际智能。指对他人的表情、说话、手势动作的敏感程度及对此做出有效反应的能力。比如，警察能很快辨认出谁是坏人。

语言智能。指对语言的掌握和灵活运用的能力，如用语言和词语的不同方式来表达复杂意义。比如，作家能一目十行，写得一手好文章。

音乐智能。指感受、辨别、记忆、表达音乐的能力，如对环境中的韵律、曲调、节奏、音高音质的感知很敏锐。比如，听到别人哼什么曲子，子宸能猜出他唱的是什么歌曲。

空间智能。指对色彩、形状、空间位置的感受和表达能力，如用三维空间来辨别空间物体之间的联系。比如，外出旅行时，有人能记住沿途的标记，知道是否到过这个地方。

逻辑智能。指对逻辑结果关系的理解、推理思维和表达能力，如对数字和抽象模式的理解力。

运动技能。指身体的协调、平衡能力和运动的力量、速度、灵活性等，如跑、跳等运动，对运动员来说都很容易。

自然智能。指观察自然的各种形态，对物体进行辨认和分类、洞察自然或人造系统的能力。比如，动物学家能很快熟悉动物的特点。

发光不只是太阳的权利，我们都能做耀眼的发光体。每个人都有自己的智能优势组合，我们要学会欣赏独特的自己，不盲目羡慕他人的某些能力，单纯与其他人比较某一个方面的能力优劣并没有意义，而是要发现自己的优势，全面地探索自己的能力结构。你所意识到的能力，只是冰山一角，相信还有更多的潜力有待你慢慢挖掘。

对于一些非优势智能的培养，我们也不能完全忽略，要通过多种途径培养自己多方面的能力，促进全面发展。

你会发现，在短时间内用简洁的语言概括自己的优势并不是一件容易的事情。如果实在不知道自己有什么优势，你可以寻求熟悉自己的朋友或者父母的帮助。借助他人的眼睛，发现自己的优势，这也是非常不错的选择。

此外，我们还可以通过下面两个小练习（参见第49～50页）去发掘自己的优势。

能力探测仪

多元智能测试：你可以在网上搜索“多元智能测试”或者咨询自己的心理老师，计算出自己每种智能的得分；并根据你的多元智能得分，绘制你的“智能雷达图”。其中，圆圈从圆心到最外层分别代表 0 ～ 4 分，数字越大代表你越擅长该智能。

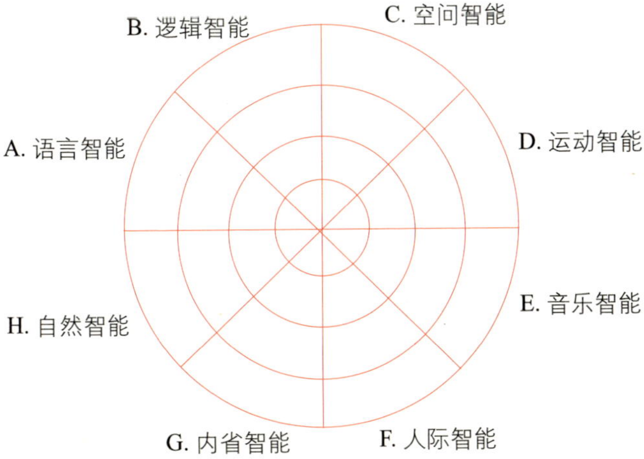

成就回忆录

了解自己的能力特征往往只是第一步，更重要的是通过历史成就夯实你的优势。你可以试着回忆一下：在你的成长过程中，你觉得自己哪件事情做得不错？这件事带给你鼓励和充满力量的感觉，每次你只要想起它就特别有成就感。成就事件无论大小，可以是考试成绩优秀、当选班干部、学会了一项技能、帮助了陌生人等，这些事件背后其实隐藏了你的各种能力。

请具体写出一件有成就感的事件，以及其中所展现出的能力，可参考多元智能理论的八个角度。

需要说明的是，能力优势并不是指自己和别人比，而是自己和自己比，也就是你所有的能力里面最具有优势的部分。

6 假如我有 100 万

好成绩、美貌、自由，我都想要

生活中，我们时常要面对选择的难题。期末临近，面对同学的打球邀约，是选择复习，还是选择答应同学的邀请？想要减肥，面对美食，是选择抵住诱惑，还是大快朵颐……甚至还有这么一个灵魂拷问的问题：假如给你 100 万，学识渊博、青春容颜、幸福家庭、知心朋友等明码标价，你只能从中购买一个，你会如何选择？

在心理课上，老师举行了一场“价值观拍卖会”，让大家从“幸福家庭、知心朋友、青春容颜、学识渊博、成为明星、千万富翁、掌握权力、环游世界、事业成功、身体健康、善良、责任、诚信、勤劳、正直、宽容”之中选择3个自己最想要的，其他都要舍弃。宋语昕左思右想，她既想要家人、朋友、学识，也想要善良、责任、诚信，但老师只允许留下3个。如果留下善良，那可能就要从家人、朋友中割舍一个，宋语昕感觉很残忍，可如果不留下善良，宋语昕又觉得仿佛少了点什么。

宋语昕如此纠结的原因是什么？家人、朋友、学识、善良、责任、诚信，她都想要，但是只能从中选3个，宋语昕都不舍得。事实上，价值观是影响我们做出选择的深层次原因。比如，围绕“金钱是不是万能的”这一问题，两个人会因为持不同观点而争吵，这正是双方不同价值观造成彼此不同选择的体现。

价值观，简单来说就是我们内心对于价值的重要程度排序，我们心中都有自认为对自己重要、有价值、有意义的东西。孟子说：“鱼，我所欲也，熊掌，亦我所欲也；二者不可得兼，舍鱼而取熊掌者也。生，亦我所欲也，义，亦我所欲也；二者不可得兼，舍生而取义者也。”孟子的选择，其背后正是孟子重视“仁义”这一价值观的体现。

1971 年，英国哲学家菲利帕·富特（Philippa Ruth Foot）提出了著名的“电车难题”，其背后反映的也是不同的价值观。如果是你，你会怎么选择呢？

一辆飞奔的电车失去了控制，正朝着一个路口驶来。这时，司机已经没有办法让电车停下来。在路口的一条轨道上有 5 个人被绑着，不采取措施的话，电车一定会把这 5 个人撞死。假设在你手边有一个手动开关，只要你选择打开开关，电车就会变轨到一条轨道。不幸的是，另一条轨道上也有 1 个人被捆着。也就是说，必须有一条轨道上的人会死去。此时此景，你会做出什么选择？是牺牲一人救下 5 个人，还是任由事件自然发生？

如果你选择打开开关，认为应该牺牲 1 个人去拯救 5 个人，那你很看重善良；如果你选择顺其自然，觉得任何情况下都不能以牺牲别人为代价去挽救其他人，因为谁都没有权利去剥夺他人的生命，那你则看重正义。当然，无论看重正义还是看重善良，“电车难题”的选择都没有对错之分，它只是不同价值观的体现。

每个人都有不同的价值观，价值观是多样的。著名心理学大师米尔顿·洛克奇在 1973 年提出 13 种个人价值观：成就感、美感的追求、挑战、健康、收入与财富、独立性、爱 / 家庭 / 人际关系、道德感、欢乐、权力、安全感、自我成长、协助他人。

如果助人是你的首要价值观，那你在生活中可能更乐于参与公益活动；如果你认为友谊很重要，那你在生活中可能会尽全力来维持你的朋友关系；如果自主是你的最高价值观，那你在生活中会很享受独立；如果你把财富作为第一价值观，那你就会把大部分时间花在赚钱上。

了解自己的价值观，其实也是我们不断探索自我的过程。价值观是我们的一部分，影响我们的行为，为我们提供个人行为准则。当我们遵循自己的价值观时，会收获满满的幸福感；否则，可能会感觉非常痛苦。比如，宋语昕如果保留了“诚信”，那么就代表她认为“诚信”是她价值观中的重要部分，生活中如果让她做不诚信的事情，她就会感觉很痛苦。

当然，洛克奇认为，价值观只是你对内心感受的评价，每一种价值观都没有绝对的好坏之分，只有真实与否，但持有的价值观如果导致不好的后果，则是需要自己承受的。

成绩好、美貌、自由，我都想要！但如果只能从中选其一，我们就要思考：我想要的究竟是什么？那么，怎样才能知道什么对自己是最重要的？我们可以用以下这些方法探索自己的价值观（参见第 56 ~ 59 页）。

价值观金三角

或许你曾经也做过这样的梦：有一天你突然变得很有钱，可以买很多自己喜欢的东西。如果这个梦是真的，你会怎么办？现在，假如你有 100 万元，代表你一生的时间、精力、资源和金钱。价值观商店里在售卖“幸福家庭、知心朋友、青春容颜、学识渊博、成为明星、千万富翁、掌握权力、环游世界、成功事业、身体健康、善良、责任、诚信、勤劳、正直、宽容”16 种价值观，而你的钱刚好足够购买其中的若干个。

假如你的 100 万元只够买 8 个价值观，你会选择购买什么？请填入下表中。

设想一下，如果你的生活发生了变故，无法满足你买下这 8 个价值观，你不得不删除其中 2 个，你会删除哪 2

个？（温馨提示：删除不是说以后你都不会拥有这个价值观，它仍然有，但它达不到你希望的那个满意度了）

生活再次出现变故，你不得不再删除 2 个价值观，你会删除哪 2 个？

现实很残酷，也许你已经觉得很痛苦了，但仍然需要你再删除 1 个价值观，你会删除哪个？

最后只剩下 3 个价值观，请思考一下，你完全确定了吗？如果确定，请把这 3 个价值观写在下图三角形的 3 个角上，这个三角形就是你的核心价值观，也被称为“人生金三角”。你可以把你的人生金三角总结成一句话，表明你对接下来的学习和生活的期待。

个人价值观修炼

恭喜你探索出了你的价值观金三角，接下来，请让你的核心价值观融入生活当中，从而更好地发挥作用。以下价值观修炼的 4 个步骤，能助力你更明确地把握方向，拥有更强劲的驱动力去实现目标。

第一步：持续确认。请将你最终确定的 3 个核心价值观写在纸上，贴在眼睛能看到的地方，如床头、书桌等。时刻记住这 3 个价值观是对自己最重要的。

第二步：自我激活。试着觉察一下，你会在什么时候感受到这些价值观带给自己满足感？你可以试着把这些时刻记录下来。

第三步：公开主张。你可以在家庭会议上向父母勇敢地表达出自己的价值观，或者和同学公开自己的想法。可能你会面对各种阻力，没关系，“公开主张”能帮助你更好地坚持自己的价值观，并获得周围人的支持。

第四步：不断践行。“纸上得来终觉浅，绝知此事要躬行。”干扰价值观修炼的因素有很多，但你可以通过学习、通过生活中的各种事件去不断实践自己的价值观，最终建立起价值观的信念。

认识自己是一个漫长的过程，可以通过“性格”探索自己适合做什么，通过“兴趣”探索自己喜欢做什么，通过“能力”探索自己能够做什么，通过“价值观”探索自己愿意做什么。

目前，你或许没有办法弄清楚自己真正在乎的是什么，但经历了一些事情、体验了一些角色之后，你会越来越清晰地知道自己看重的是什么，也会在这个过程中不断认识自己、挑战自己，最终超越自己！

7 “卷心菜”的苦谁懂

我总在怀疑和批评自己

你有过这样的感受吗：当你结束一场考试后，还没走出考场，心里就开始不停地担心成绩会不会退步了；邀请朋友出去玩，别人只是说要看一下周末安排，自己就怀疑朋友是不是不想一起出去玩；老师鼓励大家多参加学校的比赛，你很有实力，却总是怕自己拿不到好名次而丢人……我们好像总是陷入自己对自己怀疑的陷阱。

上周为了备战期中考试，同学们每天早读课都提前到教室背书，傍晚主动留下来问老师问题，甚至很多同学连课间休息这短短的10分钟都不放过，记笔记、默写、刷题、订正……忙得不亦乐乎。瞧，他们一个个顶着黑眼圈，都累成了小熊猫的模样……终于，期中考试结束了，无论成绩如何，都该轻松一会儿了，可和大家一样累的宋语昕此时却放松不下来，她静静地趴在书桌上，嘴里嘀咕着：

“小数点都看错了，你还能干吗？”

“这么简单的默写都不会，中考完蛋了。”

“什么事都做不好，你是不是傻？”

“我好像做不成一个好学生了。”

……

学生时代的我们，青春洋溢、朝气蓬勃，与此同时，我们也会像宋语昕一样，时不时地对自己产生一些怀疑：我是好学生吗？我是乖孩子吗？我足够好吗？……这些接连不断的疑问就像悬在头顶的“达摩克利斯之剑”一样，让我们常常担忧不已。其实，我们不妨问问自己：我为什么必须是好学生、乖孩子？可能我们会说：因为只有好学生才会受到老师的喜欢，因为只有乖孩子才能得到父母的夸奖。

如果你正是这样想的，那么你可能就进入“卷心菜”

的世界了。“卷心菜”是一个流行的网络用语，指的是这样一类人：想努力变得更优秀，但又对自己的能力心存怀疑；想要变得不平凡，可又不知从何处开始努力；自己给自己打气，可贬低自己时比谁都严厉；立下踌躇满志的目标，三天不到就无奈躺倒……是的，“卷心菜”的称呼只是他们自嘲的方式，大多数时候他们的内心陷入内耗，甚至已经崩溃。

内耗的意思是自己怀疑自己、自己苛求自己，即使没有外力的压迫、即使已经取得了不错的成绩，内耗的人只会关注自己做得不好的地方，并由此陷入无休止的自我怀疑之中。我们可能会疑惑：这是疯了吗？我们为什么要这样折磨自己呢？下面我们就宋语昕同学的情况做一些猜测，看一看一个内耗的“卷心菜”是如何养成的。

“宋语昕的妈妈很严格，她希望自己的女儿处处优秀。”

“宋语昕的班级是一个重点班，成绩排名虽然不公布，但是大家好像都知道。”

“宋语昕从小就被周围人夸奖是好孩子、‘学霸’、潜力股。”

“宋语昕有一套雷打不动的日程表，每天都按部就班完成各项任务。”

“宋语昕性格敏感，害怕失败，担心同学会对自己有不好的评价。”

“宋语昕喜欢思考且常常想得很消极。”

“宋语昕常常逼迫自己努力完成各项任务，真的很辛苦。”

……

从以上猜测中我们发现：“卷心菜”的养成可能是因为父母对我们提出高要求的同时对我们的赞美比较少；可能是因为我们自身的性格特点，如敏感胆小、道德感强；还可能来源于同伴之间的比较压力。比如，在一个班级中，总有排名靠前的同学，也有暂时落后的同学……与此同时，我们也发现：像宋语昕一样困于“又卷又菜”境地的同学其实挺优秀的。他们对自己要求过高、追求完美、努力上进，为了提高成绩，每天刻苦学习、认真听讲、熬夜刷题等，可能在某个阶段，“卷心菜”们也确实会获得一个相对较好的学业成果。

但是，优秀的外表下，“卷心菜”们并没有看起来那样轻松，他们内耗严重的原因是内心时刻有一个“批评小人儿”。今天，我们就尝试勇敢地把“批评小人儿”揪出来。对了，这个“批评小人儿”往往有两个分身，我们可以分别称他们为“小卷”和“小菜”。

分身小卷说：

“我有很强的天赋需要发挥出来。”

“超过他，是我最大的目标。”

“我只要努力，就可以成为第一名。”

“我想要登上最高的山峰。”

“我想要做最闪耀的那颗星。”

……

分身小菜说：

“我不行，我不行，我真的不行。”

“啊，真的吗？好怕怕呀。”

“太糟糕了，完蛋了！”

“我一定会搞砸的。”

“我好担心丢人呀。”

……

小卷觉得自己无限优秀，但是他真的开心吗？小菜认为自己糟糕透顶，而他真的一无是处吗？世界上有很多优秀的人，不可否认，小卷为此立下了“汗马功劳”。我们会发现：小卷的斗志昂扬固然重要，但我们也需要好好地关心一下看起来“弱不禁风”的小菜。如果小菜很脆弱，小卷再强大也没有用。因为小菜很容易把事情严重化、糟糕化，很容易夸大缺点和消极的情绪感受，他往往会紧盯着自己身上的缺点和不完美之处，并认为他人也是带着这样苛刻的眼光来看待自己的，为此他会不断地怀疑自己能力不行，这就是造成内耗的原因。其实，别人怎么看并不是最重要的，最重要的是我们要通过“照镜子”的方式去看看真实的自己。以下“照镜子”的方法，希望可以帮助小菜们减少内耗。

①承认自己内心的脆弱：脆弱是正常的表现，每个人都有自己的脆弱之处。

②勇敢地向信任的人诉说：如果心里很难过，可以尝试向信任的人说一说。

③抱抱那个想要逃的自己：当感觉承受不住了，可以暂时不那么拼。

④与那个不够优秀的自己说一声：辛苦了！你可以对自己好一点。

可以看出，分身小菜的存在往往代表着我们心中想要妥协和逃避的一面，妥协和逃避并不可耻，甚至有时候也有一定的作用，这个世界上没有人是完美的，我们需要接纳那个不够完美的自己。内耗的“卷心菜”们，你要记得：努力做事，完成比完美更重要！用心做自己，就算没有很好，也没关系。

除了以上“照镜子”的方法，我们还可以尝试做两个练习来减少内耗（参见第 68 ～ 71 页）。

尝试将“问题”和“人”区分开

生活中，我们很容易出现把“问题”与“人”混淆的情况，即我们在不经意间会把一件事没有做好（问题）归因于这个人不好。如果我们凡事都尝试着去区分“问题”与“人”，那么我们就可以更理性地看待自己的成长，也能更好地解决问题。

完成以下两个练习，可以帮助我们学习在一件事情中如何区分什么是“问题”，什么是“人”，你可以尝试在横线上写下你的答案。

例如：我晚交作业。

区分：这只能说明我在交作业这件事上拖延了，而不能认定我就是一个不守信的人。

练习 1：我这次的期中考试没考好。

只能说明______________________________，

而不能说明______________________________。

练习 2：我把垃圾扔错了地方。

只能说明________________________________，

而不能说明________________________________。

爱自己的 100 种方式

击败内耗的最好方式，就是给予自己肯定。每年的 5 月 25 日是全国大、中学生（包括中职学生）心理健康日，在这一天，我们会倡导“我爱我”，因为 525 正是“我爱我”的谐音。

爱自己是一件很浪漫的事，那么，你会通过哪些方式表达对自己的热爱和肯定呢？

可以是刻苦学习后奖励自己的一顿饭，也可以是给自己一次真诚的称赞，总之，你可以设置至少 100 种爱自己的方式。

下面请你列举 10 种爱自己的方式，然后当你再感到内耗、不开心的时候，从中抽选一件事去做。

爱自己的第一件事：________________________

爱自己的第二件事：________________________

爱自己的第三件事：________________________

爱自己的第四件事：________________________

爱自己的第五件事：________________________

爱自己的第六件事：________________________

爱自己的第七件事：________________________

爱自己的第八件事：________________________

爱自己的第九件事：________________________

爱自己的第十件事：________________________

8 我比想象中的更美丽

别人都比我好看，每次照镜子我好焦虑

日常生活中，你或者你的朋友有过这样的行为吗？喜欢用美颜相机自拍，没有美颜功能时绝不拍照；经常反复照镜子，照完后心情却更加沉重；天天喊着减肥，说自己这里胖、那里不好看；觉得自己身高不够高，体形不够苗条；特别羡慕瓜子脸、“A4 腰”、“漫画腿”，羡慕别人能反手摸肚脐、锁骨放硬币……为什么我们会如此看重自己的外貌呢？

宋语昕的同桌突然问她有关外貌的问题：“宋语昕，为什么你脸上一点痘痘都没有？最近我脸上又长痘痘了，我感觉自己又变丑了……我好羡慕班

里那些长得好看的女生，像明星似的，而我，什么都不如别人。偷偷告诉你，我朋友圈的照片都是用美颜相机找好角度拍的，而用原相机拍的简直太丑了，脸又宽又圆、小眼睛、单眼皮、鼻子也不够挺拔。昨天升旗时，我还听到同学在后面窃窃私语，说我是大象腿……我真讨厌自己的长相，我怎么这么丑，好自卑。我很想去整容，可我妈就是不同意，还说我一天到晚不想着学习，天天想这些没用的东西干吗，唉……”

宋语昕同桌的烦恼是心理学中“容貌焦虑”的体现，比如，总对自己的容貌不满意，故意遮挡身体的缺点，甚至因为不自信而拒绝和朋友外出游玩……这些想法和行为都会让我们感到焦虑、烦躁。此类现象在青少年中非常普遍，据中青传媒调查显示，对于长相和身材，59.03% 的学生存在一定程度的容貌焦虑。

如果你对外貌有很多烦恼，也别担心，这是青春期的正常现象，主要和青春期心理有关：青春期是一个自我意识发展迅速的年龄段，此时，我们总感觉别人都在关注自己。强烈的自尊心、对他人的认可过分期待、攀比从众等心理都会让我们愈加重视自己的外貌，并可能因为对自己不满意而感到焦虑。外貌是自我认同的来源之一，容貌焦虑的背后，其实是自我接纳、自我认同的问题。

“我不喜欢外出活动，我想戴口罩挡住自己的青春痘。”人的心理有这样的特点：当你过度关注什么，什么就会在心中被放大。这是心理学中的“聚光灯效应”。

我们有时候并不是真的不好看，只是源于对自己的过度关注。比如，当你过度关注青春痘，就会越看越觉得严重，越严重越关注，小小的青春痘就变成了自己的大缺点，以至于走到哪都要把它遮住，这样不仅影响你的生活，也会遮住原本的优点。固然，每个人的长相都不是完美的，但更多时候，对自己过度的关注才是细节的放大镜，尤其是那些自己不太满意的部分。

“大家都喜欢跟长得好看的人交朋友，像我这种长相的，没人喜欢跟我玩。”你是不是觉得长得不好看就交不到朋友，只有好看的人才值得被喜欢？心理学家科胡特认为，一个人的内心状态分为“实体自恋”与“虚体自恋”。如果你觉得“我很好”是一种很真实的东西，它不会因为外在条件的变化而受到损害，这就是所谓的“实体自恋”，说明你对自己的欣赏不会因为外在条件而改变。反之，你的自我价值感是和外在条件紧密联系的，当你的外在条件很好，你会自恋，而当外在条件变差，你的自恋便会受损，这就是“虚体自恋”。如果你是虚体自恋，那么你会将更多的注意力放在外在上，而忽略内在价值，就容易导致容貌焦虑。

很多人焦虑的不是自己美不美的问题，而是自己在别人眼中美不美。叔本华曾说：“人性最特别的弱点就是——在意别人如何看待自己。”心理学中著名的“疤痕实验”就是最好的佐证。化妆师在参与者脸上画出伤痕，观察人们对面部有伤痕的陌生人的态度。惊奇的是，参与者都感觉人们对自己比以往粗鲁无理、不友好，而且总是盯着自己的脸看。而实际上，化妆师已经偷偷抹掉了伤痕，参与者脸上与往常并没有什么不同。很多时候，我们自认为的“小缺点”在别人眼中根本就不明显，只是我们给自己的一种消极暗示罢了。

当然，我们的单一审美其实也受互联网的影响。打开各种手机软件和网页，经常看到“爱豆”的照片又瘦又美，无数美妆博主、带货网红向你推荐化妆手法，分享显瘦穿搭。这些审美标准，在某种程度上加重了你的“容貌焦虑”。你会不由自主地形成一个印象：“高富帅”“白瘦美”才是美的标准，而皮肤黑、脸大、鼻子大、腰胖一点、腿粗一点就该自责和内疚。但其实，审美并没有统一标准，就比如有的模特，可能外貌并不出众，但他们自信地走出自己的步伐，这份独特的气质让他们充满魅力。

在了解容貌焦虑的原因之后，我们可以做些什么来预防和缓解容貌焦虑呢？一般的容貌焦虑，如果是基于事实的，其实危害不大，它甚至能激励你做出一定程度的改变，比如，通过锻炼保持身材，注重衣物的干净整洁。但是，如果焦虑情绪给你带来了某种程度的痛苦，影响了社交，让你经常与他人攀比，甚至想采取极端的方式去改变，那么你就需要采取一些行动来缓解容貌焦虑。你可以尝试下面的小方法。

强调美的多元性

美从来不是只有一种标准的，美是多元、立体、全方位的。有人认为瓜子脸好看，有人认为圆脸好看；有人认为个子高好看，有人认为小个子更可爱……每个人的审美都是不一样的，自己眼中不好看的地方可能在别人眼中却是非常好看和珍贵的。

接纳真实的自己，发现自己的优点

或许你会觉得真实的自己不完美，但当你抬头看看那些闪闪发光的人，你会发现他们并不是所有方面都完美无缺的，只是他们更愿意去放大自己的优点，如性格热情开朗、兴趣爱好广泛、做事认真有毅力等。所以，不要让外貌成为你唯一的自我肯定的来源。不妨把注意力放到其他方面，改善你的性格、提升你的气质，哪怕你的外貌不占优势，但你独特的魅力不容忽视。

照镜子自画像

想象你面前有一面大镜子，请仔细观察镜子中的自己 30 秒，并记住镜子里你的模样。你面前的白纸上有一个小黑点，它代表你对自己外在不满意的地方，请围绕小黑点画出自己的自画像。

当你完成第一步后，可以在原画基础上进行二次创作，用不同颜色的笔，围绕着小黑点展开联想进行作画，给予你的“小黑点”积极力量，如把小黑点画成小太阳、在小黑点旁边写上父母的鼓励等。

温馨提示：请尽可能详细地画出来，头部特写或全身画像都可以，但不要画火柴人。

我的自画像

发掘内在美

（1）面对现实，积极接纳

每天写下 3 个自己受欢迎的特质，并张贴到显眼位置，如书桌上、床头等。你可以每天夸夸自己：我有很多闪光点，这样的我很美！时间长了，你会觉得，自己真的很美。你也可以和同学、家人或老师聊一聊你身上的闪光点。

（2）积极运动，改变心态

运动可以让你身心愉悦。试着运动打卡，同时，不要经常性地称体重、照镜子，把注意力从对身体外形的不满转移到理解并欣赏它的功能。

（3）家庭关怀，适当倾诉

试着对家人表达出你的焦虑，诉说自己的烦恼与忧愁，获得心理支持。如果他人没有注意到你的缺点，说明你对相貌的担心是没有必要的。

（4）减少对外貌博主的关注

把那些整容博主“取关”吧！把注意力放到自己喜欢的和重要的事情上。

我们每个人都有独特的魅力，美并非千篇一律，不要因为别人的看法影响自己，“爱自己才是终身浪漫的开始”。希望每一个你都知道：你很好，也很美，你比想象中更美丽！

9 突如其来的青春期

遗精、月经、睾丸、乳房发育……这些都是什么？

那些和青春期有关的话题，总是让人侧目。老师在屏幕前讲“月经”“腋毛”，台下的同学们捂着眼睛不好意思看，却又偷偷竖起了耳朵。你对青春期了解多少呢？

宋语昕好像从小就比同龄人发育得早，大概在小学五年级时，她的妈妈就为她买了胸罩，并告诉她女孩子长大了需要保护胸部。宋语昕很难为情，因为她的同龄人好像还没有多少人穿这个。比这更让人难以接受的是，她的月经初潮来得也比较早，那一天的到来很突然，她忽然发现内裤上多了一摊血。她以为自己得了什么怪病，吓得躲在厕所里不敢出来。后来一位女老师发现后，笑着对她说："宋语昕同学长大啦！""长大了？"宋语昕心想，"不会吧，这就是长大？那我可不可以不长大？"

相比宋语昕发育早的烦恼，子宸同学的烦恼显得更难以启齿。有一段时间，他睡醒后偶然会觉得内裤里黏糊糊的，沾了些黏液。他不好意思跟父母讲，更难以和好朋友谈这个话题，总感觉这是一件很丢人的事情，因为他从别人那里听到，这可能是和"性"相关的东西。后来上了科学课，讲到了青春期的发育，他才恍然大悟——原来这就是"遗精"，是男孩进入青春期的正常表现。

青春期，是指由儿童阶段发展为成人阶段的过渡时期，女孩一般是 10 ~ 18 岁，男孩一般是 12 ~ 20 岁，每个人进入青春期的时间不一样，没有可比性。在这个时期，我们会经历身体上的发育和心理上的剧烈转变。其中，身体上的变化尤其明显，这也给我们的心理带来了不小的冲击。如果我们能够提前多了解一些青春期的生理知识，就会减少一些慌张和无助。那么，青春期身体会有哪些变化呢？

男生会有这些变化

睾丸和精囊生长

男生进入青春期的第一个信号是睾丸（也就是俗称的“蛋蛋”）开始变大、变厚、变重、变长，阴囊表面的皮肤开始变得松松的，颜色开始变深。

阴毛的生长

随着睾丸和阴囊的发育，大约 10 ~ 15 岁，阴部会出现颜色淡而且较细软的阴毛。阴毛慢慢开始增长，颜色由浅色转成黑色，并变硬变密集。

阴茎

睾丸发育约 1 年以后，大约在 10 ~ 14 岁，阴茎会迅速增大、变粗，覆盖在龟头上的包皮也会渐渐向后退。在男生的包皮里面，会藏有很多污垢，尤其是在青春期，包皮垢产生的就更多啦！所以，每天都要翻开包皮清洗自己的生殖器，要注意保持良好的卫生习惯，否则会引起龟头炎。

遗精

当精子在附睾里发育成熟之后，会与迅速发育的精囊所产生的精囊液、前列腺产生的前列腺液等混合，形成精液。精液在体内积累到一定量，就会溢出来，从而产生遗精，俗称“精满则溢”。遗精是男孩在青春期的正常表现，如果此时不注意内裤卫生，则会滋生细菌，因此要勤换内裤、勤清洗。

女生会有这些改变

乳房发育

女生身体发育的时候，最先发生明显变化的是乳房，大约 7 ～ 13 岁，女生的乳房就会开始发育。乳头先凸起，然后胸部一点点变大。每个人的发育情况不同，乳房发育的大小和时间也不同，不必因为与同龄人有区别而恐慌或害羞。

阴毛生长

随着乳房慢慢长大，女生的阴部开始长出黑色的阴毛。通常情况下，大约 7 ～ 14 岁，女生开始长阴毛。从最开始的短、细、小的浅色茸毛到之后长、密、硬的深色茸毛，范围也由原来的一小撮到覆盖整个外阴，呈现倒三角的形状。

月经

一般来说，第一次来月经后，每个月女生都会来一次月经，而每次月经都会持续 3 ～ 7 天不等，因人而异。通常女生在 10 ～ 16 岁之间会经历月经初潮。

对于月经，女生也不用过于恐慌，每月出血不会影响到身体健康，只要在父母的帮助下提前准备好卫生巾就可以了。另外，因为激素的变化，来月经的女生可能会有情绪不稳定的情况，有的女生可能还会有痛经的状况，如果严重的话，需要及时去看医生。

面对身体的剧烈变化，因为不了解而感到羞耻和害怕是很正常的，但这并不是一件需要羞耻和害怕的事情，尤其是面对性器官的发育，我们需要接纳它们的变化，因为这是成长过程中人人都会经历的事情。

性器官的发育、身体的变化不应成为禁忌话题，但也不应对同学的发育情况品头论足或随意开玩笑。我们要及时了解自己的身体变化，做好私密部位的卫生清洁，同时也要了解异性在青春期的身体变化知识，这样才不会在与异性交往时造成尴尬、误会甚至是伤害。比如，有些同学可能会在日常交流中，不经意地去关注那些胸部发育比较迟的女同学，并嘲笑她们是“飞机场”，或脱口而出称身边某个未变声的男生是“娘娘腔”等，这都是不礼貌、不尊重他人的表现。

长大后的我们，身体有很多的隐私部位，同性之间、异性之间都要注意相处的界限。那么，如何注意自己与他人身体的界限呢？我们可以将身体部位按照不同的私密程度分为红灯区、绿灯区、黄灯区，以下是它们的区别所在。

红灯区：身体的禁止区。任何外人都不可以触碰的区域，也是我们平常认为的隐私部位，如乳房、阴部、屁股等，不管是熟人还是陌生人触碰我们的这部分区域，都会让我们感到很不舒服、很尴尬。如果有人触碰我们的这部分区域，不管是谁，只要让我们觉得心里很怪异，一定要告诉父母或其他信任的长辈。

绿灯区：身体的安全区。一般人可以触碰的区域，也是我们日常交往中可以触碰的部位，如手（臂）、肩膀、头等，这些区域的互动（握手、摸头、拍肩）可以促进情感交流，增进友谊。

黄灯区：身体的警戒区。是指与我们较亲密的人在经过我们同意后才可以触碰的区域，如腰部。

在日常与异性交往时，接触不可避免。我们一定要谨记身体的红灯区、绿灯区、黄灯区，交往时大方自然，遵守严格的界限，千万不可以触碰他人的红灯区和黄灯区。与此同时，因为性器官的成熟，我们会产生莫名的悸动，随着青春期中性激素的分泌，这种悸动变成了对性的好奇与渴望。青春期对性产生好奇是非常正常的现象，科学对待此类现象是最合理的做法。除此以外，我们也会面临很多潜在的危险，如猥亵、性侵，这些潜在危险需要我们了解一些尊重他人的知识，掌握一些自我保护的技能，守护好身体界限。遇到危害我们身体的行为或遇到相关困惑时，我们可以参考以下做法。

勇敢地向对方说“不行”。如果有人触碰我们的隐私部位，我们要勇敢地说“不行”，千万不要做“沉默的羔羊”而任人触摸。

想方设法尽快离开。如果遇到坏人，要尽量保持冷静，快速思考可以逃脱的方法，不要随意喝陌生人给的饮料。

一定要告诉爸爸妈妈。无论发生什么事情，一定要第一时间和爸爸妈妈说，并尽量还原整件事情的经过，必要时要选择报警来保护自己。

绘制你身体的“红绿灯”

请在下图圈出身体的“红绿灯”，区分哪些是红灯区，哪些是绿灯区，哪些是黄灯区。

甄别网络色情信息

网络世界的信息纷繁复杂、杂乱难辨，有很多的污秽弹窗和色情图片导致我们无法对性有一个正确的认识。在有困惑时，我们不妨与父母聊一聊，这并不丢人，反而说明你很有勇气，也是在为自己的身体负责任。

①当出现月经（遗精）的时候，我还以为我的身体……

②我对男孩/女孩的想法是……

③我认为的性是……

当然，如果你有很好的同龄小伙伴，也可以将你的小秘密与他们分享，也许他们更能理解我们成长过程中的惊喜与痛楚。除此以外，优秀的书籍和电影也可以成为我们了解青春期知识的重要途径，如书籍《半小时漫画青春期》、电影《青春变形记》。

Part 2

情绪“降落伞”

1 我的心情就像过山车

每天都好烦，一会儿开心，一会儿难过

随着年龄的增长，我们的情绪体验越来越丰富。“情绪”是人们在生活中常常提到的一个词，你能用自己的话来解释“情绪”吗？此刻，我们可以做些什么来更好地面对愤怒情绪呢？

我们常用“喜、怒、哀、乐、惧”来概括情绪的种类，但其实情绪要比我们想象的更加丰富。比如，当你不小心在学校走廊上摔了一跤，你可能会感到尴尬、丢脸；当你获得了优异的成绩被老师和家长表扬，你可能会感到自豪和幸福。你可以说出多少种不一样的情绪？下面的内容摘自宋语昕的日记，不知道你是否有和她同样的感受。

“最近我感觉有些奇怪：今天班会课上班主任组织我们给这个月过生日的同学庆祝生日，吃蛋糕的时候我挺开心的，但不知道为什么，傍晚放学后一走出教室，步行回家的路上，看到远方的落日，那种肆意的快乐好像戛然而止了，只剩下一层薄薄的忧伤，还有着一丝迷茫。想到后年的中考，又多了些担忧。我不禁想起小学时，能因为一次春游高兴很长时间，那种简单的开心好像渐渐离我远去了。我发现，越长大我越难以表达我内心的感受。如果非要用一个东西来比喻，那么我会选择用一团乱糟糟的毛线球来比喻我的心情。不知道其他人会不会有同样的体会？”

进入青春期以后，生理发育相较于心理发育而言更为迅速。在这个阶段，我们的身体趋于成熟，但心理上尚未完全成熟。因为这样的不平衡性，导致处在青春期的我们情绪会不稳定，它可能时而强烈，如暴风骤雨；时而细腻，如春日和风；时而千变万化，时而固执不堪。我们很难再像幼童那般随心所欲地表达情绪，有时又难掩心中的感受。

为什么我们的情绪会像过山车一样呢？这其实是认知

过程、生理状态和环境因素共同作用的结果。心理学家沙克特和辛格在20世纪60年代设计的情绪实验正好验证了这一道理。

沙克特和辛格邀请了三组大学生参与实验。

第一步：先给三组大学生被试注射肾上腺素，使他们处于生理唤醒状态，但只告诉他们注射的是一种维生素——这是为了使所有被试的生理唤醒状态相同。

第二步：实验者对三组被试作了三种不同的说明来解释这种药物可能引起的反应。告诉第一组大学生（告知组），可能出现心悸、手抖、脸发烫等肾上腺素注射后的正常反应；告诉第二组大学生（误告知组），注射药物后将产生双脚麻木、发痒和头痛等现象，这与肾上腺素的真实效果完全不同；告诉第三组大学生（未告知组），药物是温和无害的，而且没有任何副作用，即不告知这组被试肾上腺素的效果。这个步骤诱使三组被试对自己的生理状态做出不同的认知解释。

第三步：将每组大学生各分成两部分，并让两部分大学生分别进入两种实验情境中，一种情境是令人发笑的滑稽场景，另一种情境是令人发怒、烦躁的场景。这个步骤是使被试处在不同的环境中，实验者观察这两种环境下各组被试的情绪反应。

根据“生理反应决定情绪”的观点预测，三组大学生应该有一致的情绪反应；根据“环境决定情绪”的观点预测，各组大学生应该在愉快的场景中表现出愉快情绪，在愤怒的情境中表现出愤怒情绪。令人意外的是，只有第二组和第三组的大学生在两个场景中表现出相对应的情绪，而第一组没有表现出相对应的情绪，而是在情境中安静地等待并镇静地进行他们的工作。据此实验，沙克特和辛格推论：情绪是认知过程、生理状态和环境因素共同作用的结果，其中认知因素对情绪的产生起关键作用。

除此以外，产生情绪波动还因为随着我们的成长，我们正体验着比过去更加复杂的生活。想要顺利度过这段“情绪的过渡期”，就要学会认识情绪、和情绪相处、与情绪成为知己知彼的亲密朋友。心理学家把人们认识和表达情绪的能力称为“情绪颗粒度”。一个人的情绪颗粒度越高，越能够辨别不同的情绪，越能够感知他人的情绪、管理自己的情绪。

在生活中，我们常常通过表情、声调和动作等来表达情绪，传递有时语言所不能表达的信息。我们体验着自己的情绪，也经常观察他人的情绪表现。

对于情绪，我们是那么熟悉，但有时又迷惑不解。每一种情绪的存在都是有意义的。例如，恐惧提醒我们，危险就在附近，要提高警惕；孤独提醒我们，我们落单了，需要重新和亲友建立联系；悲伤提醒我们，我们失去了很在意的人或事物，要学会珍惜；焦虑提醒我们，未来有不确定性，要未雨绸缪；愤怒提醒我们，我们受到了不公平对待，要行动起来，去改变身边的人和环境；内疚提醒我们，我们对这件事很在意，希望下次能做得更好。

不如尝试着去深入分析一下你的情绪。比如，在情绪发生时，你是怎么想的？你的身体有什么变化？你当时做出了怎样的行为？我们对每一种情绪的回应都是有价值的。例如，当发现可能有同学孤立我的时候，我很难过，我在想自己是不是哪里没做好，我的身体有些发抖，我好想冲过去问问他们到底是什么意思，但是又没有勇气，只能独自生闷气。经过这样的分析，我们就能感受到：原来我的情绪是这样发生和流动的。

奥地利心理学家维克多·弗兰克尔说："在刺激和反应之间，有一个空间。在那个空间中，我们有权去选择自己的反应。而我们的反应，决定了我们的成长与自由。"了解自己的情绪是怎么发生的，是实现"成长与自由"很重要的一步。

了解了情绪背后的意义及我们对情绪的回应方式，你可以发现，情绪有点像"过山车"，似乎是上下起伏、波折不定的。那有没有办法可以帮助我们迅速调整状态、减少情绪冲动呢？让我们一起来学习由亚里士多德提出的STOP技术。练习评估自己的情绪，不是为了评判自己感受的好坏，而是为了练习更了解自己的真实感受的能力。

S（stop）：暂停。停一停，给自己一点缓冲的时间和空间。

T（take a breath）：呼吸。做三次深呼吸，让情绪得到缓和。

O（observe）：觉察。以旁观者的角度中立看待自己当下的情绪。

P（proceed）：继续。带着情绪，继续完成自己将要做的事。

情绪是我们生命中不可分割的一部分，没有任何情绪是一座孤岛。相反，我们所经历的许多情绪是微妙而复杂的，它们共同创造了我们丰富多彩的情感生活。

与情绪对话

尝试回忆今天让你印象深刻的事件，这些事件让你体验到了什么情绪？写下它们的名字，如愤怒、难过。这些情绪发生在哪里？与谁有关？还可以猜测一下，这些情绪想告诉你什么？以下不同场景可帮助你思考不同的情绪。

- 和好朋友闹矛盾冷战
- 在比赛中获得冠军
- 同学间流传你和异性好友的八卦
- 帮助同学解决困难
- 父母吵架

情绪气象图

我们的情绪每天都在波动着，周一的心情肯定会与周六有所不同，请你回忆近一周的情绪状态，完成下列情绪气象图。

2 暂停一下，喷火龙

真是气死我了，我差一点就打他

生活中，每个人都会产生愤怒的情绪，如被人取外号、朋友背后说你坏话、睡觉被吵醒、打游戏遇到笨队友……愤怒的时候，心里真像有一股火在燃烧，也像气球随时可能要爆炸。此刻，我们可以做些什么来更好地面对愤怒情绪呢？

子宸的好朋友外号叫“炸弹”，这家伙脾气特别大，情绪容易激动，动不动就发火。就在刚刚，同学路过他课桌时不小心碰掉了他的笔袋，还装作没看见，只见“炸弹”噌地一下站了起来，双手紧握，直愣愣地盯着同学，咬牙切齿，仿佛要爆炸的炸弹！他生气地将书砸在地上，还举起了拳头——幸好班主任及时阻止，否则“炸弹”就要冲过去揍同学一顿，大家都很害怕他。事后，“炸弹”对班主任说出了自己的苦恼：“别人说我脾气不好、火气大，有时还蛮不讲理，都不想和我交朋友。可是这不能全怪我，明明是他们故意招惹我！我也不想发火，可是能怎么办呢？”

愤怒是人类非常自然的一种情绪，它无法被彻底消灭，就像厌恶、恐惧、快乐、悲伤、惊讶一样，是美国心理学家保罗·艾克曼提出的7种“基本情绪”之一。无论什么人，都会有愤怒的情绪。

我们为什么会生气、愤怒？你可以试着把愤怒想象成一座冰山，冰山的绝大部分都隐藏在水面之下。我们在生活中常常有许多期待，如“期待事情这样发展”“期待事物呈现出某种样貌”“期望被理解”等，当这样的期待或理想落空的时候，当我们期望被理解的想法不被认可的时候，愤怒就来临了。在愤怒的表面之下，可能隐藏着其他一些情绪，如孤独、悲伤和恐惧等。这些情绪背后，可能是被拒绝、被伤害、被侵犯、不被认可等。当你被愤怒支配时，你自己无法看清愤怒背后的情感，表现出来的就只有愤怒这一种情绪。

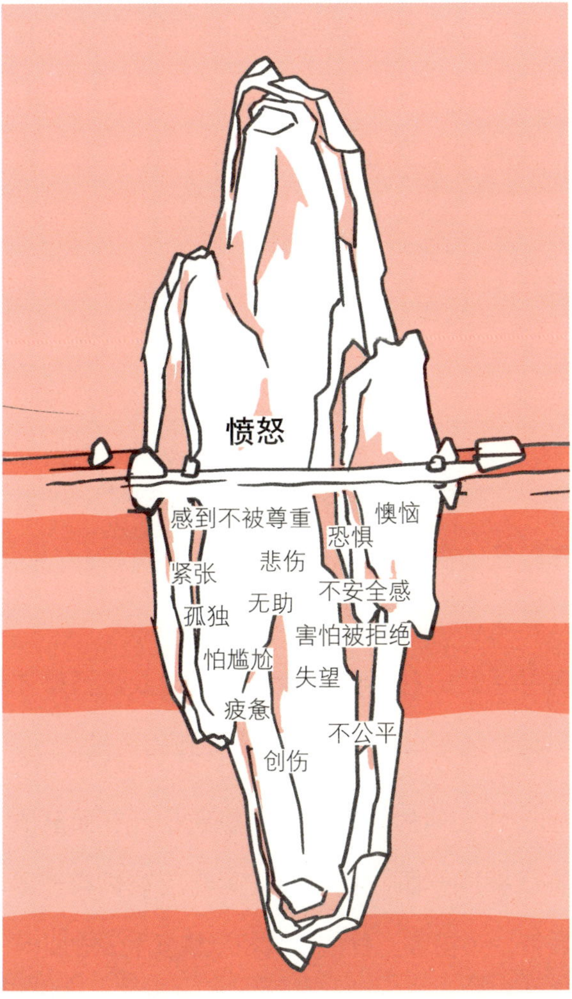

“炸弹”同学试着看了自己的“愤怒冰山”：小时候，我和爷爷奶奶一起住，他们总是特别宠我，半夜我想吃西瓜，他们会马上把西瓜拿来，我总觉得“我要怎么样就得怎样，反正别人都会顺着我”。上小学后，我搬来和爸爸妈妈一起住。爸爸是个脾气暴躁的人，动不动就打我，因此我也忍不住想打人。“炸弹”慢慢理解了自己的愤怒：表达愤怒的方式不是天生的，而是后天养成的，这可能与自己小时候被溺爱和模仿爸爸发脾气有关，也可能与自己还没有找到合理表达愤怒的方法有关。

很多人把愤怒当作不好的事，认为愤怒就是负面情绪，发怒就是错误的行为，并且会因为愤怒而产生罪恶感、羞耻感。其实，愤怒是一件很正常的事，发怒也是可以的，愤怒本身并不是一种坏的情绪，错误地表达愤怒才是问题所在。与其他情绪相比，愤怒拥有更强的能量。

回忆一件让你愤怒的事情，想象自己在愤怒的状态下撕纸或把纸揉成一团。看到纸被撕碎或被抓成一团，你可能感到后悔、可惜等。我们尝试把纸恢复到原来的样子，但你发现纸已经成了碎片或满是折痕，回不到最初平整的状态了。如果把纸张换成身边的人，把揉纸行为换成随意发泄愤怒的行为，愤怒所造成的伤害正如满是折痕的纸一样，伤害将是难以弥补的。你是不是感受到了愤怒的破坏力？

当愤怒的情绪出现时，有哪些不恰当的表达方式呢？可能是外在的攻击行为，如骂人、摔东西，甚至以暴力的方式攻击他人；也可能是向内的攻击行为，如绝食、闭门不出、一个人静静待着不想理人等。不论是外在还是内在的攻击行为，都会产生负面影响，如影响人际关系，降低自我评价和他人评价，无法理智思考，对环境造成破坏等。此外，若长期隐藏、压抑愤怒情绪，有可能会产生更强烈的反弹效应和消极后果。

愤怒真的一点用都没有吗？当然不是，情绪心理学家丹尼尔·戈尔曼教授在《情商》一书中告诉我们："愤怒可以保护我们免于遭受那些更原始的内在感受所带来的痛苦。"比如，当我们遭受不公正的待遇，或者被人侮辱、被他人侵犯时会愤怒，此时的愤怒是维护我们自身权利、保持心理平衡的重要工具。愤怒也可以帮助我们了解自己、表达需求、设立界限、自我保护及达成目标等。

愤怒情绪本身很正常，问题在于表达愤怒的方式。愤怒是把双刃剑，既能在你遇到不公、伤害或挫折时勇敢地保护你，也可以成为伤害你的一把利刃。所以，愤怒情绪需要合理地表达、适当地调控。你可以用“愤怒红绿灯”的方法来安抚自己的“愤怒小怪兽”，照顾好自己的情绪。

红灯：停！

管理愤怒的实验表明，愤怒的爆发时间不超过 12 秒，就如暴风雨一般，爆发时破坏力极强。当愤怒来临时，先让自己的情绪冷静下来，停止攻击性的行动。你可以迅速离开愤怒场地，转移注意力；同时，用“45 秒规则”做做深呼吸——5 秒吸气、10 秒以上的呼气，将肺部的空气全部呼出，重复 3 次。你也可以在心中默数，延缓自己的反应时间，顺利度过最初的 12 秒。

黄灯：想！

了解触发自己愤怒的按钮是什么。觉察一下，愤怒是因为什么被触动了，试着去描述事实，就事论事，捋清楚事件的起因和经过。同时，体会自己的需要和对方的需要，什么需要没有被满足？需要注意的是，我们越能体会对方的需要，愤怒越容易被看见和尊重。另外，你也可以想想不合理宣泄愤怒可能导致的不良后果，以及可以有什么更好的方式表达愤怒。

绿灯：行！

你可以使用合理宣泄法，如击打毛绒玩具或沙袋；或者找同学、家长、老师倾诉自己的烦恼，甚至可以向喜欢的玩具诉说、写日记等；或者做喜欢的事情，如听歌、散步、运动、画画、看幽默短片等。事后，试着用“愤怒四步法”——说出事实、表达情绪、说明原因、表明需求——自信、坚定且温和地表达自己的愤怒，如“炸弹”同学可以这样表达：“当你碰掉我的笔袋还装作没看见（事实），我真的很生气（情绪），因为我觉得你不尊重我（原因），我希望你能小心一点，并给我道歉（需求）。”

“愤怒使者”小传

回忆一件最近令自己愤怒的事情，把愤怒想象成一位远道而来的使者。

①外貌：愤怒使者长什么样子？把你感受到的愤怒画出来，想象你的愤怒是什么形状、什么颜色的？带给你怎样的感受？用不同的线条、图案画出来。不用太在意画得是否好看，能尽情宣泄就行。

②行动：当愤怒使者来临时，你的处理方式是什么？当时你有什么感受？产生了什么后果？

③使命：老天爷派愤怒来到人间，或者来到你的身边，目的是什么？这位情绪使者有自己的使命吗？写下你愤怒背后的情绪或需求。

④命名：你可以给这位情绪使者取一个名字。

愤怒红绿灯

如果穿越回你经历的一次愤怒时刻，试着用“愤怒红绿灯”回放整个事件，想想如何妥善处理当时的情绪。

红灯：停!

保持平静，可以在心中默默数数，从一到十。

黄灯：想!

说出问题及感受；设定积极目标，分析采取不同解决方法及后果。

绿灯：行!

做喜欢的事，尝试解决问题，寻求帮助……

3 emo 也可爱

每到晚上，我就感觉心情很低落

你有过这样的时刻吗？有时候，心情突然莫名其妙就低落下来，干什么都提不起精神，也不爱说话，还特想哭；还有时候，白天可能还好好的，一到晚上，尤其是一个人的时候，就忍不住胡思乱想，一种不明所以的失落与伤感不由自主地涌上心头……

“我 emo 了，呜呜呜……”最近，宋语昕同学常常会发出这样的叹息，她一想到白天说错的那句话，心里就止不住地难过，明明只是一点小失误，可她还是忍不住在脑海中一遍遍重播自己犯错的场景，不停地责备自己：“她是不是认为我态度不好？”“我是不是没有表现好？”“如果我当时那样说就好了。哎，我真是……”原来，宋语昕的同桌今天向她请教一道数学题，那道数学题对于宋语昕来说并不难，所以她随口说了一句：“这老师不刚讲过吗？你上课是不是没听？”说完后，宋语昕的同桌不好意思地“哦”了一声就低下了头没再说什么。反应过来的宋语昕难过得要死，她巴不得马上去跟同桌说，她不是那个意思，她的意思是……可是……

“emo”自从成为一个网络流行词后，被很多人使用：考差了我 emo 了，迟到了我 emo 了，没睡着我 emo 了……好像一切的情绪低落皆可 emo 一样。emo 成为越来越多人表达不开心的一句口头禅。你可能会好奇，为什么我们总是会晚上 emo 呢？特别是在深夜里独处的时候。

事实上，夜晚情绪低落是非常普遍的一个现象，也是一个很正常的生理现象。我们之所以会陷入晚间的 emo 状态，跟我们大脑结构与功能有关。神经科学和心理学领域有个流行的概念，即我们人类有三重脑，进化时间由长及短分别为“本能脑”（掌管本能，如呼吸）、“情绪脑”（掌管情绪，如难过）和“理智脑”（掌管分析与思考）。经历了一整个白天紧张而充实的学习后，“理智脑”已经能量耗竭，急需充电，此时，夜晚来临，“情绪脑”和“理智脑”展开了一场深夜话聊。

理智脑说：“今天上完8节课，我直接要垮掉，累了，麻了……”

情绪脑说：“你别走呀，你完成了一天的学习，你知道我忍耐了什么吗？”

理智脑很理智，没有一句多余的解释，带着“血清素”决绝地离开了。对了，血清素是我们大脑中叫“松果体”的腺体分泌出的能够帮我们维持心情愉悦的东西。

情绪脑破口大骂：“好呀，你走！走了更好！这自由的夜晚是属于我的！”

于是，情绪脑开始泛滥自己的各种情绪，想哭就哭，想唱就唱，*emo*来临，不如将*emo*进行到底……

“情绪脑”和“理智脑”的深夜话聊可谓激烈无比，

隐藏在其背后的影响因素更是复杂。

在大多数情绪分类理论中，情绪被分为基本情绪和复合情绪。基本情绪一般有 10 种左右，复合情绪则更多，如嫉妒就是一种复合情绪，它包含自卑（感觉不如人）、怨恨（恨自己不行）、愤怒（努力后没回报）、羞耻（不接纳自己）等。有些复合情绪甚至因为太过复杂，无法用一个精确的词语进行命名。随着基本情绪强度不同，复合情绪会产生更多变化，它们构成了人类纷繁庞杂的情感体验。显然，emo 是一种超级复合情绪，涵盖了诸多说不清楚的体验，所以随口一句“我 emo 了”，就可以替代所有对不愉快感受的表达。

要了解自己 emo 的到底是什么，我们可以回忆一下，自己的 emo 情绪由什么事情引起？emo 时我们与谁在一起？处在一个怎样的场景？当时是怎样的感受？有哪些想法？陷入消极情绪中，往往可能是因为我们存在一些不合理的信念，emo 也是如此。以下不合理的信念，可以作为自查参考。

心理学认为，影响我们情绪和行为的往往不是事件本身，而是我们对事件的看法。当我们 emo 时，我们的脑海中会出现以下几类声音。

绝对化的要求

指常常以自己的意愿为出发点，认为某事物必定发生或不发生的想法。比如，我们往往会说“这次期末考试，我必须得第一名”“这个比赛，我一定要赢”“班长的职位非我莫属”。不谈能力只谈目标，结果自然不可预测。而事与愿违时，如果没有获得第一名，输了比赛或没当成班长，难免会伤心难过。

以偏概全的评价

指常常把“有时”、“某些”概括化为“总是”、“所有”等。比如，我们会把一两次考试的失利，说成“我为什么每次都考这么差”；把偶尔 emo 说成“我总是 emo”；因为一次数学考试没有考好，就觉得自己学习很糟糕。

糟糕至极的结果

如果一件不好的事情发生，便觉得将导致非常可怕和糟糕的后果。比如，朋友拒绝了自己的一次请求，便认为朋友一定是讨厌自己；小升初没有进入理想的学校，就觉得“今后一定考不上重点高中了”，一次考试没考好就觉得

“我的人生没有希望了”。

以上三大不合理信念是深夜 emo 现象背后的心理秘密。emo 情绪就像天气，而我们是天空，偶尔的低落与不开心是非常正常的，希望我们在 emo 过后依然能够从容地说出：“我能看到黑暗与失落，我也能看到更多的阳光与快乐。”

为了减少深夜 emo，我们不妨在睡前做一些能让人平静的事情，看几页书、听几首舒缓的音乐都可以。以下做法也可以给你带来一些帮助。

“一键暂停”练习

话语少了，提不起劲了，有些想哭了……当发现自己可能出现 emo 情绪了，可以轻轻地告诉自己：是的，我可能暂时没有那么多能量了，我需要休息。如果想变得优秀，那么除了好好学习，好好休息也是我的功课。

进入“暂停状态”，可能需要一个缓冲时间，每个人都有自己的缓冲方法，有的人可能会选择去外面散散步，有的人可能会选择原地轻轻闭上眼睛，有的人可能会选择在阳台上趴一会儿看看夜空与星星……除此以外，你也可以试试“蝴蝶拍”，具体操作如下：

找一个让自己坐着舒适的地方，调整一下姿势，双脚平放在地上，挺直背部和脖子，下巴内收，双手放在大腿上，以一个放松的姿态开始练习。

①闭上眼睛，想象一个过去经历中给我们带来积极体验的事件，并体会身体的哪个部位感受到了这种积极的体验；

②双臂在胸前交叉，右手在左侧、左手在右侧，轻抱自己对侧的肩膀；

③双手轮流轻拍自己的臂膀，“左一下、右一下”为一轮；速度要慢，轻拍 4 ~ 12 轮为一组。停下来，深吸一口气，静静感受一下……

在进行“蝴蝶拍”的时候，速度要尽量轻柔和缓，就好像小时候被妈妈轻拍一样。通过这个动作，我们可以好好地安慰自己，让当下的身心处于一种稳定、平静的状态。

“自我关怀”练习

很多时候，我们可能会对小孩子、可爱的小动物表现出关心和心疼，却常常忘了我们自己也是需要关怀的。

上了一天的课确实会很累，如果在学校遇到一些不顺心的事情，心情就会很低落，这个时候，做一些关怀自己的事情就很重要。你可以从视觉、听觉、味觉、嗅觉和触觉五官出发去积累愉悦的体验。

(1) 为了获得愉悦的视觉体验，我可以这样做：

看一段搞笑视频，抬头看看窗外的树，蹲下看看脚边的小草……

(2) 为了获得愉悦的听觉体验，我可以这样做：

听一听鸟儿叽叽喳喳的声音，听一听风吹过树叶的沙沙声……

(3) 为了获得愉悦的味觉体验，我可以这样做：

品尝一杯纯牛奶，吃一颗酸酸的话梅……

（4）为了获得愉悦的嗅觉体验，我可以这样做：

点一个香薰，闻一闻它的味道，闻一闻花的香味……

（5）为了获得愉悦的触觉体验，我可以这样做：

摸一摸小区里的小猫咪，把手放到清凉的水里感受一下……

温馨提示：你可以保存这个自我关怀清单，当 emo 来临的时候，提醒自己，可以做一些让自己开心的小事，理直气壮地关爱和照顾自己吧！

4 是孤独，也是恩宠

同学都在一起玩，而我却总是一个人

网络上曾经流行过一个“孤独十二等级”的排序，从一个人去逛超市（初级孤独）到一个人去医院看病/做手术（重度孤独），不同的人都可以从中找到贴近自己的孤独等级。你有感到孤独的时候吗？

当然，不同的人对孤独的感受是不同的。比如，一天说50句话，有人觉得刚刚好，而有人觉得一天三句话都算多；有人觉得一个人过一周已经属于极限挑战，而有人觉得即使一个人过一年也是一种享受……

刚上初一时，林子宸很孤单，班级里没有一个认识的同学，他也不好意思主动去跟别人讲话，所以他总是一个人。看着周围的人好像都是三三两两一起玩，说话有“话搭子”，吃饭也有“饭搭子”，学习还有“学习搭子”……他好羡慕呀！“如果我也能有一个陪我一起的小伙伴，那该有多好呀……”那段时间子宸过得很不开心，每天就自己一个人的感觉简直太难受了，他不想继续这样下去了，他也很担心自己会不会被视为“异类”或“不正常”。子宸害怕一个人，可是他好像不知道有什么办法可以融入人群，该怎么办呢？

孤独是一种与他人有距离甚至疏远的感觉，这种状态下，我们可能会体验到寂寞和郁闷。每个人在人生的不同阶段都不同程度地体验过孤独的感受。

有时候，我们会因为性格偏内向，有些害羞，不善交际，所以在刚开学时没有及时建立起与同学的友谊，但这并不代表我们不想拥有朋友。有时候，我们并非无法与周围人交流，而是主动选择了把更多的时间留给自己。在一个人的时间里，安安静静地做一些有意义、有价值的事情，乐在其中就是我们想要的生活。就像作家史铁生曾说过的：

“在满园弥漫的沉静光芒中，一个人更容易看到时间，并看到自己的身影。”

孤独之于我们是好是坏，源于一个人的主观认知判断，但我们的主观认知判断就一定是正确的吗？也许我们可以通过运用“对比证据法”与我们的孤独进行一场深入的对话。

我们可以假设这样一个场景：暑期，你和好朋友报了同一个去外地的夏令营，你们约好第一天一起去。可是你的好朋友临时有事，让你先去，他匆匆给你发了一条短信就没了消息。你到达夏令营基地后，人生地不熟，你一个人也不认识，请进行以下对话：

①你可能有什么感受？

例如：害怕、焦虑和恐慌，还有一些生气。

②不由自主地，你会有哪些想法？

例如：他是故意的，就是不想和我一起；也可能是我不配让他放弃要忙的事情吧。

③你有哪些证据支持以上想法？

例如：因为他只是让我先来，也没说他来不来，这不就是放我鸽子吗？

④你有哪些不支持以上想法的证据？

例如：以前约好的事情，他几乎都是准时准点的。

⑤在对比了两方面的证据后，你产生了什么新想法？

例如：这次他也许确实临时有急事，对了，他不也发短信给我了吗？

⑥对比后，你的孤独情绪有没有好一些？

例如：好多了，我当前可能会有些担心他，希望他的事情能够顺利。虽然这次得一个人在夏令营待几天，但是心里没那么害怕和生气了。

经过以上 6 个步骤的对话，我们的孤独情绪是不是缓解了很多？有时候，不是孤独本身可怕，而是我们对孤独的想法影响了我们的情绪。只要尝试着与孤独的自己做一些温柔的对话，孤独便无法绑架我们的人生。

在与孤独进行简单的对话后，我们可能会发现，独自一人的时候，我们会不由自主地产生一种被抛弃感，我们会忍不住怀疑：是不是全世界都遗忘了我？为什么我爱的人没有陪伴在我的身边？我感觉自己是最可怜的人……这样想也很正常，你不必因此而感到羞愧，因为我们每个人都希望得到来自周围人的爱、信任与关怀。

美国心理学家亚伯拉罕·马斯洛在他的需求层次理论中指出，我们人类有 5 个层次的需求：生理需求、安全需求、归属与爱的需求、自尊的需求、自我实现的需求。其中“归属与爱的需求”指的是，我们为了避免孤独感而需要在友谊、家庭、社会团体等关系中感受到被爱、被接纳。

马斯洛需求层次理论

就像刚升入初中的子宸同学一样，他很想融入这个班集体，能有几个好朋友就更好了。让我们一起帮子宸找一找他孤独背后隐藏的“归属与爱的需求”吧，我们可以尝试站在子宸的角度，把他的心里话表达出来。

“看到周围同学说说笑笑，我很羡慕。”

“我想让同学们看见躲在角落里的那个胆小的我。”

“我希望他们能主动找我说话，我想找到一个能理解我、懂我的人……”

“我希望我是他们中的一员！”

……

孤独是人类普遍的情感体验，多数情况下，孤独被视为一种负面情绪，总是被认为可能缺乏爱和陪伴、伴随着脆弱与无助等感受。其实，孤独是在提醒我们：我们需要来自他人更多的爱和关心，我们需要来自团体更多的接纳和认可，而这并没有什么错，这是一种非常合理的需要。孤独本身并不可怕，难能可贵的是拥有走进孤独与走出孤独的自由。愿我们都能从与他人的交往中获得光与力量，也能从与自己的相处中得到爱与宁静。

记录孤独时刻

孤独常出没在生活的缝隙里，与其害怕它、抵抗它，不如享受“乐在其中”的孤独。

如何才能获得高质量的孤独？当无法预料的孤独袭来时，我们可以做些什么？当孤独情绪袭来，我们可以先尝试对自己的孤独情绪的强弱程度做一个初步的评估，比如，我们可以对自己的孤独做个量尺（最低的刻度是 0，最高的刻度是 100）。

第一步，回忆你人生中孤独感最强烈的一次经历，把它写在刻度尺“100”旁。

第二步，回忆一次完全不孤独的经历，把它写在刻度尺“0”旁。

第三步，再回忆一次介于这两者之间的孤独经历，把它写在刻度尺“50”旁。

第四步，继续用一些具体的孤独经历去细化量尺上“25”和“75”的刻度。

这虽然是一个相对比较简单的孤独量尺，但因为是以我们自己的孤独经历为标准，所以专属于我们。今后再遇到孤独情绪的时候，可以拿着这把量尺量一量，它将有助于我们初步评估孤独的强度。

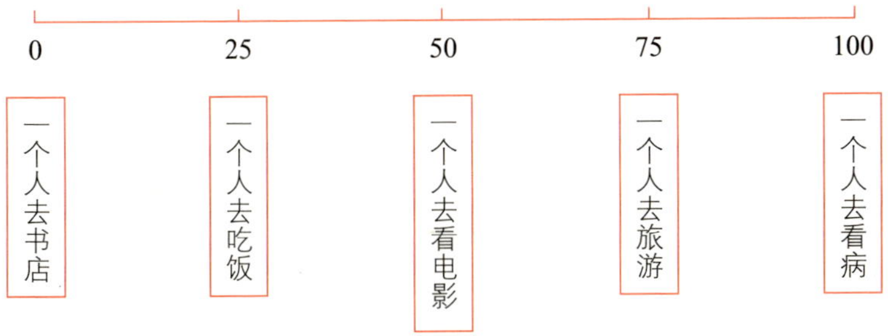

寻找孤独之乐

如果你选择了享受孤独，那就努力培养享受孤独的能力、尝试享受孤独的恩宠。想一想，你一个人的时候做什么事情会更投入、更快乐？在孤独来临的时候，寻找几件可以帮助你投入当下的事情。这些事情不一定很伟大，只要适合你就好。比如，有的人会选择画画，随着素描笔在白纸上挥洒，内心很快得以平静。我们也可以尝试用写日记的方式，去记录孤独时的真实感受。

对了，如果你很讨厌孤独，那就勇敢地去与他人交流，尝试打破孤独的囚禁。

①从倾听开始，认真地听周围人在说什么并表达你的好奇；

②尝试寻找你们之间的共同点并交换彼此的想法；

③主动创造一些在一起的时光，让对方知道你愿意为其付出时间和精力。

5 嫉妒这只“绿眼怪”

同桌比我优秀，我好像有些奇怪的感觉

从小到大，我们身边一定不乏比我们优秀的人。比如，进入一所好的学校，却发现周围的同学都比自己优秀，感觉自信心每一天都在被碾压，心里又急又气，表面还得假装坚强和开心，你有过这样的时候吗？

宋语昕和她的同桌关系很好，学习上她们齐头并进、互相鼓励，生活上她们彼此诉说心声，没有一丝秘密。最近，宋语昕发现班主任马老师好像更关注她的同桌：经常点她回答问题，让她当元旦大合唱的指挥，什么职位都没有给自己……刚开始，宋语昕安慰自己说：同桌优秀，我应该为她感到高兴。慢慢地，宋语昕的心里出现了一丝奇怪的感觉，看到同桌就莫名地烦。“我这是怎么了？”“我怎么能这么想呢？”“我真小心眼儿。”宋语昕纠结了很长时间，不知道该跟谁诉说自己内心的苦闷，怕人家说她心胸狭窄，也不敢告诉同桌，因为担心说了以后两人会很尴尬。

你有过宋语昕这种类似的感受吗？长大后，我们可能都体会过“嫉妒”这种情绪，比如：同学穿了一件很漂亮的衣服，我很喜欢却因为没钱买，只能眼巴巴地看着；同桌这次的考试排名比我靠前，但其实我只比同桌少 2 分而已，就是因为这 2 分，我不甘心；上次的班级演出，好朋友跳舞跳得非常好，老师、同学都交口称赞，可我没觉得有啥了不起的，我唱的歌不是更动听吗？是他们不懂得欣赏……

由嫉妒带来的困扰令我们发愁，了解嫉妒产生的原因或许可以帮我们看清自己为什么而发愁。比起其他人，我们更容易与同学校的同班同学进行比较，如果他们比我们优秀，我们就容易心理不平衡。另外，当我们发现他们获得了我们一直想要的东西时，也很容易产生嫉妒心理。

每个人天生都有嫉妒的心理，它是一种比较复杂的心理，常常伴随着焦虑、猜疑、羞耻和敌意等负面情绪。婴儿从 16 ~ 18 个月就开始出现嫉妒表情。我们在生活中可能看过这样的场景：一个十几个月大的孩子，如果他的妈妈当着他的面抱其他孩子，他就会哭闹和抗拒。可以看出，嫉妒情绪出现的时候，我们并不好受。

为了缓解嫉妒带来的不好受的感觉，我们的身体会自动启动一些机制来保护我们，而有些保护机制是不好的，如压抑、否定。例如，看到周围人比自己好时，会说："真希望没这回事，它不是真的，我根本不在意。"当然，也有能带来积极影响的保护机制——"合理化"，即为自己的行为寻找一个看起来"合理"的借口，从而缓解因目标没达到、愿望没实现而产生的痛苦与紧张情绪。我们可以尝试站在宋语昕的角度，为她的嫉妒情绪找一个"合理"的借口。

"马老师喜欢我同桌可能并不是因为她有多优秀，也许是有其他的原因呢。"

"对了，马老师那天还表扬我作文写得好呢。"

“我虽然只是合唱的一员，但是我唱得很开心、很投入，这就够了。”

“同桌有我没有的优点，可我也有她没有的优点呀。”

……

看，这样“合理化”后，宋语昕的心情会好一些。一定程度上，寻找一个看起来合理的理由对我们来说是一种保护，它使我们能看到自己当前所拥有的东西。但需要警惕的是，如果我们完全依赖于那些“合理的理由”，遇到困难就退缩、逃避甚至放弃，那可不是一个好习惯。在遇到困难时，除了运用“合理化”的理由安慰自己，我们还要积极寻找方法，解决真正存在的问题。更高级别的自我保护机制是认同、升华和幽默，这些可以帮助我们更健康地应对嫉妒情绪，进而解决真正存在的问题。

认同。认同我们周围那些健康阳光、积极优秀的人。例如，宋语昕可以多去发现同桌身上的闪光点，表达自己对同桌深深的欣赏，并将其作为学习与超越的榜样。

升华。用有益于自己、他人与社会的方式表达自己的嫉妒情绪。

例如，宋语昕可以说：很羡慕同桌这么优秀，拥有一个优秀的同桌是自己的荣幸。祝同桌变得更优秀，并将如何与比自己优秀的人相处作为今后要提升的一项个人修养。

幽默。以讲笑话的方式获得快乐或者避免痛苦。

例如，宋语昕可以用玩笑的方式安慰自己：“虽然只剩同桌优秀这一种优秀，但最起码也是优秀的一种呀。”

我们往往会认为，别的同学轻而易举、不费力气就得到了某种东西，而我们得不到一定是因为运气不好或不公平。其实，可能我们并没有看到他人背后的努力和付出。比如，宋语昕的同桌更受马老师关注，可以当合唱指挥，是不是因为同桌在课后努力练习，并积极与马老师沟通请教？在嫉妒情绪中，我们痛苦的是我们没有超过对方，而让我们更痛苦的莫过于，对于他人比自己优秀这件事，我们无力去改变。这个时候，嫉妒的程度可能是最深也是最危险的。

想一想，如果宋语昕处于上述情况会怎样？她可能会自暴自弃、怨天尤人，从而对同桌出言不逊，甚至可能做出伤害同桌的行为……不管如何，这种结果都是大家不愿意看到的。

不可否认的是，嫉妒会给我们带来一些困扰，我们常常不由自主地会对嫉妒对象产生敌意和愤怒，对自己产生怀疑和羞愧，而那个处于嫉妒情绪中、渴望变得更好的自己可能被我们忽略了。嫉妒情绪来临时，我们应该如何更好地应对呢？你可以试试下面的方法。

全面认识自己。“人贵有自知之明。”我们要明白自己的长处与短处分别有哪些。同学在这方面比我强，我在其他方面比他强，我们各自有各自的好，各美其美，百花齐放，这样，我们的心理就会平衡一些，就不容易产生嫉妒心理。

化嫉妒为竞争。如果我们感到自己与同学在某一方面存在差距，就要想办法努力赶上他。在这个过程中，我们要用顽强的意志和积极的行动超越他人。其实，嫉妒所展示出来的东西并不都是负面的，有时候正是因为嫉妒，我们才有了一个努力的目标，有了变成更好的自己的可能性。

回忆你印象深刻的嫉妒经历

面对内心深处悄然升起的嫉妒情绪，有时候我们挺难说出口的，更不要说去勇敢地面对。没关系，我们可以慢慢来。请尝试回忆过往经历中你印象最深刻的一次嫉妒经历：

①嫉妒的那个对象是谁？他的身上有哪些方面让你感到嫉妒？

②还记得在嫉妒的那段时间里，你是什么样子的？当时你有哪些真实的感受？

想一想，如果要你为心中的嫉妒取一个简洁好玩的名字（如“绿眼怪”“一根刺”），你会取什么名字呢？

你还可以尝试着画一画它的样子，是张牙舞爪的还是怒目圆睁的？

思考你超越嫉妒的努力方向

吹灭别人的灯，并不会让自己更加光明；折断他人的翅膀，也并不能让自己飞得更高。与其嫉妒他人身上那些我们所没有的，不如选择祝福他人过得更好。为了变成更好的自己，我们可以选择做出以下努力：

①找出嫉妒对象身上的三个闪光点。

②说说你为什么喜欢这三个闪光点。

③为了拥有这三个闪光点，你愿意付出哪些具体的行动？

温馨提示：嫉妒可能难以说出口，但也绝不是难以触碰的话题。我们可以在尝试认识它、了解它、正视它的过程中，发现更真实的自己。对了，嫉妒的人一般都很容易看到他人身上的优点，所以，请不要忽略自己身上的光！

6 敏感也是美好的天赋

不经意间看到同学们在指指点点，他们是在说我吗？

有时候，我们可能会因为别人的一句话、一个眼神、一个动作而在脑海中默默循环思考很久，心情也会随之起伏：这是我想太多吗？是我反应太剧烈吗？他这样做是不是对我有意见？我是不是做错了什么？

晚自习结束后，在回家的路上，宋语昕的闺密向她吐槽自己晚自习的“遭遇”。晚自习时，宋语昕的闺密正在认真写作业，突然，从门口进来一位男生，径直走过来并坐在她的后桌位置，闺密被这位男生从高处随手放钥匙的声音惊了一下，然后就难以全身心地投入学习中。好不容易熬到课间时分，她想出去透透气，经过楼道的时候，她发现刚才那位男同学在看她，同时还与其他人不停地说着什么，并不时发出一些莫名的笑声……宋语昕的闺密忍不住心想："难道他们在说我吗？好想去问个究竟，但是又担心别人说我神经病，更怕争不过他们，哎……"想着想着，闺密也没有了出去透气的心情，转而回到座位，一个人左思右想了好久，一晚上就这么浪费了……

宋语昕的闺密这是怎么了？是想太多，还是玻璃心？

其实，都不是。青春期的我们往往更敏感一些，这很正常。美国心理学家伊莱恩·阿伦研究发现，全世界约有20%的"高敏感人群"。也许宋语昕的闺密只是属于人群中那20%的"高敏感人群"而已。可能你第一次听到这个词，或者说从来就没有人告诉过我们什么是高敏感。他们只会说："呀，你看那人，动不动就流眼泪，太敏感了吧，至于吗？切，我又没说什么，你看她大惊小怪的，怎么想那么多呀？"是的，高敏感人群常常被贴上"玻璃心""太脆弱""经不起说""多心""想太多"等负面标签，这些标签仿佛在告诉我们：高敏感是不对的。真的这样吗？

伊莱恩·阿伦认为，正如我们的个子有高有矮、手指有长有短，大脑对刺激的敏感程度也因人而异。高敏感的人天生会对光、声音及他人的情绪等有更细微、更深入、更强烈的感受力，而这些细微的刺激会导致他们产生深入、强烈且偏负面的联想，从而引发过度的情绪反应。以声音敏感为例，宋语昕的闺密因钥匙落下的声音产生烦躁不安的情绪而无法继续晚自习。此外，还有些高敏感的人会在听到某些刺激性音乐时会发生头晕和呕吐的状况。

除了对声音、光等客观事物敏感外，高敏感人群还容易对他人的情绪敏感，他们往往会因为别人无心的一句话、一个眼神、一个动作而产生无限的联想，就像宋语昕的闺密一样。高敏感人群常常会问自己的问题是：“他是什么意思？是不是生气了？是不是我说错话了？他是不是讨厌我了……”他们的问题总是伴随着对自我的怀疑、对他人的臆断，得不到答案的想法在高敏感人群的脑海里倒腾来倒腾去，无限循环，很难停下来。

说到这里，可能有人会对高敏感人群有一些误解，比如，高敏感是不是一种缺点？是不是只有内向的人才高敏感？是不是高敏感的都是女性？……高敏感人群有自己的情绪困扰，同时他们也因为更敏感而善于理解他人。就目前的研究来说，高敏感人群并没有性格或性别上的差异，高敏感人群是再正常不过的一群人罢了。

高敏感人群有很多细微的触角，他们不仅对积极的事物敏感，对消极的事物也同样敏感。这样的敏感触角会带来很多积极影响：比如，因为对冲突敏感，所以尽量避免与人发生冲突，更能维系人与人之间的良好关系。因为对情绪敏感，所以在把握人物内心活动方面特别擅长，很容易捕捉到他人的情绪并给出恰如其分的安慰。高敏感的人有更强的共情能力、更丰富的想象力，他们的内心世界更加细腻，与人交流也更加有深度。如果高敏感的人将自己积极的部分展示出来，那一定会受到很多人的称赞，他们也一定会为自己的敏感而感到骄傲与自豪。

当然，敏感是消极还是积极，并不是绝对的，我们只需要依据当前的感受做出判断即可。比如，我们容易对来自他人的评价敏感，有的同学觉得这会让自己不断迎合他人的感受，讨好他人，感到疲惫；而有的同学会认为他人的评价仅仅是一个能帮助自我提升的外部反馈，择优听取即可，不需要太在意。

敏感的两面性，提醒我们要更理性、客观地看待与应对自己的敏感。为此，我们可以尝试从“敏感归属”（敏感的来源倾向于他人引发的事，还是需要自己处理的事）与“敏感程度”两个维度出发建立一个“高敏感坐标系”。

①横坐标代表敏感程度，从左到右，敏感程度由最弱到最强；

②纵坐标代表敏感的归属，从上到下，由“归属于他人的事”到“归属于自己的事”。

以宋语昕的闺密为例，我们可以尝试站在宋语昕的闺密的角度，在这个坐标系中找到她敏感的类型与具体位置。

A 点（钥匙事件）：宋语昕的闺密对钥匙的声音反应偏强烈，主要是因为她当时正在专注地写作业，后桌那位男生放钥匙声音的确太大且离宋语昕的闺密很近，这倾向于“他人引发的事”。

B 点（楼道事件）：宋语昕的闺密对他人的表情

与行为反应特别强烈，主要是因为先前的钥匙问题对后桌同学有些不满，武断地认为对方对她有意见，并把对方的聊天、说笑、眼神都解读为不友善、有恶意……这是由宋语昕的闺密当时有限的认识与判断所决定的，这倾向于需要宋语昕的闺密“自己处理的事”。

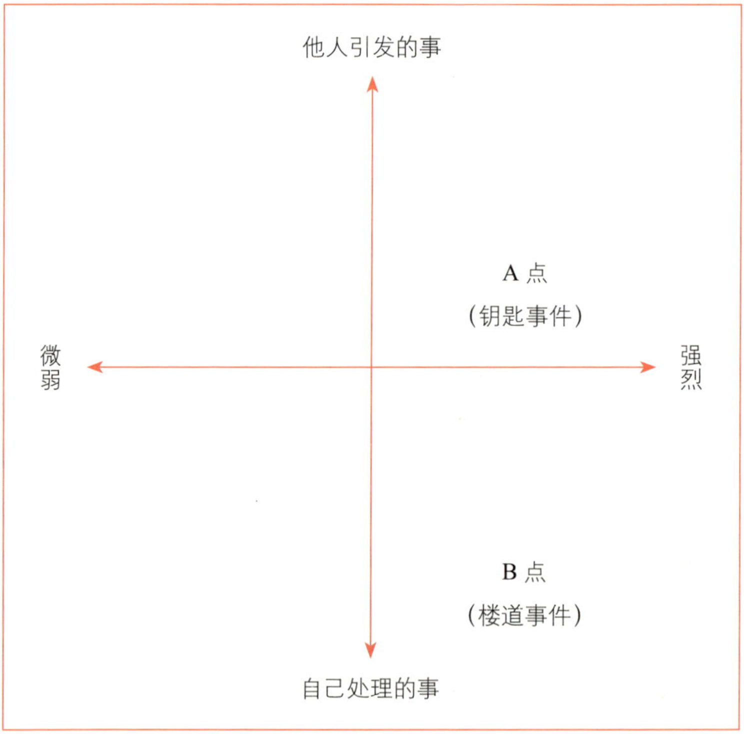

我们以宋语昕的闺密为例，通过敏感坐标系进行了一番分析后，我们能够帮助宋语昕的闺密更客观、理性地去看待自己的敏感，一定程度上缓解了她由敏感所产生的自责无助心理。

奥地利个体心理学之父阿尔弗雷德·阿德勒曾提出过一个“课题分离”的理论，即想要解决人际关系的烦恼，就应该区分什么是你的课题，什么是我的课题，只有分清楚你我的课题，不贸然闯入他人的课题，也不允许他人随意闯入我的课题，才能保证人际关系畅通。对宋语昕的闺密而言，后桌的男生是否在说笑，这是对方的课题，宋语昕的闺密无权干涉。而怎么看待别人的说笑这件事，就属于宋语昕的闺密的课题了。区分是谁的课题，有助于我们厘清事实真相，避免陷入无限的不必要的想象中。

高敏感的人可以拥有幸福吗？当然！人本主义心理学家罗杰斯在其著作《个人形成论》中说：“这是一个有趣的悖论：当我接受自己真实的样子时，改变发生了。”当我们看到自己的敏感，并尝试去接纳自己的敏感时，幸福就已经在向我们招手了。

以下是高敏感人群可以参考的增强幸福感的两大建议。

与你的敏感温柔对话

敏感并不是不好，敏感不仅正常，而且是一项很稀缺的能力和天赋。我们需要去倾听敏感在告诉我们什么：

①“你不必总苛责自己。”

②“你可以对自己宽容一些，再宽容一些。”

③“你永远都不是孤单的，再敏感的个体也有同类。”

当我们明白敏感在告诉我们什么的时候，我们才知道：原来，我在乎同学的评价，是因为我希望他们喜欢我，我在乎同学课后是否喊我出去玩，是因为我渴望他们把我看成朋友，我在乎老师上课是否朝我这边看一眼，是因为我需要老师的关注和认可……所有这些，都是在诚实地面对自己时才看得到、读得懂。

创造积极的个人经验

心理学家认为，在良好的环境中生活，高敏感人群可以生活得更幸福愉快。所以，为自己多创造一些积极的经验吧。我们可以尝试这样做：

①每天留出 15 分钟时间给自己：休闲、运动或者什么都不干也可以。

②多结交有趣又有爱的人：数量不一定多，2 ~ 3 个足矣。

③尝试去做充分挖掘你敏感天赋的事情：比如，你可以培养一个需要想象力的兴趣爱好，也可以参加一个需要深度发言的演讲比赛或学习论坛……

高敏感人群的世界中，往往存在很多辛苦，但我们也将发现：通过不断地探索与改变，“敏感”也可以很可贵！上天一定是赋予了我们特别的使命，所以才赐予我们如此超凡脱俗的特质。

7 没关系，我只是有点紧张

糟糕，马上到我上台演讲了，我的大脑却一片空白

身边的长辈总是告诉我们："平常心就好，加油！你可以的！"是的，我们知道不需要紧张，但面临大事前却还是忍不住抖起身体。我们为什么会紧张呢？紧张的时候，我们可以做些什么呢？

最近有一个市级演讲比赛，参加比赛的都是来自各个学校的佼佼者，林子宸过五关斩六将，从校内赛脱颖而出，代表学校参加市级比赛。备赛期间，子宸认真撰写演讲稿，努力练习每一个发音、每一个动作、每一个表情，甚至每一个标点符号都不放过……

子宸原本信心满满，但在临上台时，他感觉无比的紧张，手心出汗，双腿直哆嗦，肚子好像也有些疼，想到台下可能有几百双眼睛在看着自己，他的脑袋顿时一片空白，感觉自己都无法上台了……

你有遇到过类似子宸这样的情况吗？无论是英语课堂老师抽背单词，还是考试前准备各科复习，我们常常会感到紧张。我们可以回忆一下以往的紧张经历，想一想：我们紧张是因为准备不足吗？这可能只是原因之一。而很多时候我们之所以紧张，其实是因为我们想达到我们心中的目标，想要给他人留下一个好印象，或者想要取得一个好的名次、奖项等。从这个角度来说，面对一些充满压力、挑战的情境时，我们的身心反应其实也是在提醒我们真正想要的是什么。

美国生理学家沃尔特·坎农提出了“战斗或逃跑反应”的概念，即面对威胁时，我们的体内会发生一系列无意识、自动的快速反应。“战斗或逃跑”代表了我们古代祖先在环境中面临危险时的选择，即要么打架，要么逃跑。

联想一下我们常常面临的诸如演讲比赛、重大考试等场景，我们的大脑会觉察到类似的危险：演讲卡壳会很丢脸，考试失败会影响升学，体测失误会带来不好的后果……这个时候，我们会快速地做出本能的反应：紧张无措、流汗、脸红、心跳加速……有些人会选择“战斗”模式，即迎难而上，直面挑战，心中默念：“不就是一次考试吗，不就是一次演讲吗，小意思！”有些人则会选择“逃跑”模式，即陷入当前的紧张情绪之中，他们的内心独白可能是这样的：“算了，不行，我屃了，我还是回家吧。”当然，除了“战斗”和“逃跑”两种应对压力的模式外，还有一种模式是“僵住”，即直接停止，无法动弹。

总体来说，虽然紧张是一种令人不舒服的感觉，但它的确对我们自身产生了保护的作用，因为它让我们有机会采取行动去应对危险。

战斗　　or　　逃跑

如果紧张是一种应对外界压力与威胁的情绪反应，那么，到底多大强度的紧张水平才是合适的呢？一般来说，中等强度的紧张水平最有利于学习任务的完成；如果我们一点都不紧张，则不利于我们朝着目标而努力；如果我们过度紧张，则容易影响思考，从而导致我们发挥不好，如考试中的“怯场”、人际交往中的“社恐”等都会影响我们的状态。

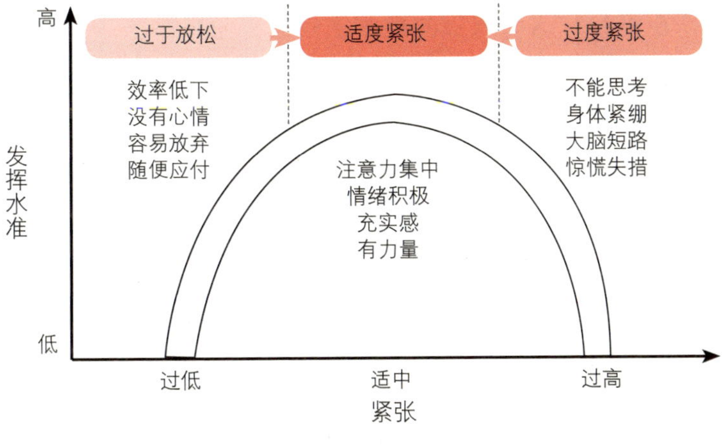

我们可以看一看子宸的紧张水平。在校内赛的时候，子宸可能并没有那么强的胜负心，紧张水平适中。而进入市赛后，因为背负了学校的期望，所以子宸想要赢的想法很强烈。因此，他害怕失败、害怕丢人、害怕表现不好、害怕台下的眼光……反而陷入了过度紧张的情绪而无法自拔……

如果你是一个容易紧张的人，日常生活中可尝试从以下三个方面努力去避免紧张。

多进行积极自我暗示

平常多对自己说："我很棒！""我很放松！""我做好了充分的准备！""我一定可以成功！""我一定会比上次考得更好！"这些积极向上的语言可以激励自己。慢慢地，我们就会建立起属于自己的自信心。

设定小而合理的目标

目标的设定需要立足于自身实际，不能过高也不能过低。过低的目标不具有挑战性，过高的目标则容易吓退自己，导致自己在一开始就败下阵来。我们不必要求自己一开始就要一步到位地达成目标，可以先从一个很小的目标开始。当我们专注于一个个具体的小目标时，紧张感自然而然也就消失了。

多去尝试有挑战性的任务

每个人的紧张水平不同，有同学认为一周完成 5 篇作文是小事一件，也有同学觉得一周完成 1 篇作文就足够让人抓狂了。为了提升我们应对挑战的能力，最好的办法就是多练习、多经历。如果你在 100 个人的场合演讲过很多次，那么面向 30 个人的演讲自然就没有问题了。

如果你正处在紧张之中，以下三个方法可以帮助你快速缓解紧张。

深呼吸

寻找一个舒适且安静的地方，坐下来，慢慢闭上双眼。首先像平常那样呼吸，然后尝试慢慢降低呼吸速度。用鼻子吸气的时候，腹部慢慢鼓起，停留 2 ~ 3 秒；最后通过嘴巴慢慢地吐气，腹部慢慢地收缩。重复以上动作，直到达到稳定、平静的状态。

打开五感

当紧张情绪袭来时，你可以充分调动身体的五种感官——视觉、听觉、味觉、嗅觉、触觉，尝试重新把注意力投入当下的生活中。比如，你可以关注周围的人和事物、当下听到的声音、尝到的味道、闻到的气味、可以触碰的东西，以及这些感官带给你的感受。这样做时我们会发现：

除了紧张，我们并不是孤立无援的，我们身边的很多东西都是真实存在的，我们与它们的联结是如此紧密，慢慢地，紧张感也会有所缓解。

接纳紧张

回到子宸的紧张情绪中来，心理学上的“聚光灯效应”也许可以给你一些启发，它是指我们总会以为周围的人都在关注着我们，尤其是在我们出丑或犯错的时候，其实，别人并没有那么在乎我们。即使我们在演讲比赛中说错了一句话，或者做错了一个手势，觉得尴尬和念念不忘的可能只有我们自己，别人根本没那么在意甚至早就忘记了。正如子宸一般，纵然他是代表学校去参赛，但是台下的观众可能只是在看一场比赛而已，他的紧张大概率是他内心的独角戏。是的，告诉自己：没关系，我只是有点紧张。即使我真的紧张，我也可以带着我的紧张去生活与学习！

记录紧张却表现不错的时刻

我们可以回忆一下记忆中那些虽然紧张但表现还不错的时刻，这些时刻会让我们觉得紧张好像也没有那么可怕。

①回忆今天或近期 1～3 件让你感觉有成就感和快乐的事情，可简述事情经过；

②思考一下这些事情在哪些方面让你发现了自己的优秀之处。

制作一个属于自己的“紧张箱”

我们可以制作一个“紧张箱”，每当我们感到紧张时，就把自己紧张的事情（包括你的感受、想法、设想的最糟糕的结果等）写在一张纸条上，塞进“紧张箱”。过一段时间后，再来拆封这些纸条，看看有哪些发生了。美国宾州大学的博柯维奇等人的研究报告指出：“在我们紧张的事情中，有79%的事情不会成真，其中16%的突发事件只需事先做好准备就能妥善应对。”

8 如果后悔有用

如果当时我那样选，现在会不会不一样……

“曾经有一份真挚的爱情放在我面前，我没有珍惜，等我失去的时候我才后悔莫及，人世间最痛苦的事莫过于此……”这是周星驰的电影《大话西游》中的经典台词。现实生活中，我们也常常会有这种“后悔莫及”情绪。

“如果我当时不那样选，现在会不会不一样？”最近，肠子都悔青了的宋语昕在心中反复默念这句话。事情是这样的，英语成绩发下来，宋语昕与第一名只相差1分。丢分的这道选择题，宋语昕一开始选了A，但是自己左右纠结，觉得B也对，临交卷前改成了B，可正确答案就是她一开始选的A。“早知道就不改了！”睡前，宋语昕满脑子是这句话。

我们的人生有很多选择，如果选择的结果是好的，我们会庆幸自己当初的决定；如果结果不尽如人意，那么“后悔”是很容易发生的情绪。在这种情绪中，我们会不断在脑海中回想当初面临选择的那个时间节点，想象如果做另一种选择，结果会不会不一样。就像宋语昕一样，选了B的她一直后悔没有选择A。

你可以回忆一下近期后悔的一件事，并给自己当时的后悔程度打分（1分是一点也不后悔，10分是非常后悔），并写下设想的结局：“如果当时……就能……”我们可以尝试从以下三个方面进行思考：当写下这件后悔的事情时，我们心里是什么感觉？为什么当时做了那个决定？综合当时所有的已知条件，我们真的能做出更好的决定吗？

我们常常会后悔，而谈起后悔时，我们又往往会说世上没有后悔药，所以要面对现实。后悔真的一点用都没有吗？当然不是，后悔的确会让我们陷入纠结、犹豫之中，同时后悔也代表着我们对当下与过去事件的因果关系的思考。例如，因为当时的纠结，所以改错了答案，如果再给自己一次机会，一定要仔细约束自己的行为；因为在小数点的计算上出现了错误，所以下次再遇到小数点的题目时就会多检查一遍；因为当众讲话容易紧张，所以就提前做好充分的准备……后悔会让我们反思，反思那些做得不好的地方，反思更多样的选择，从而在今后有了改进和变得更好的可能性。

在人生中，“做了比没做好”和“不做”哪个更让人后悔？这是一个值得思考的问题。

后悔时，我们可能会产生两种想法：一种是当前的选择一定产生不了好的结果，另一种是未知的选择可能会让我们变得更好更优秀。其实，我们在做决定的时候并没有未卜先知的能力，也就无从得知究竟什么才是最好的决定，只以自己想象的结果来判断自己当初的选择行为并不靠谱。因为我们常常容易将未选择的那种可能幻想得无比美好，从而无法客观地分析出另一种可能性的风险和困难。

很多时候，我们是在当时的情况下综合了自身所有的已知条件，做出了当时的最优解，无论重复多少次，如果回到当时，我们还是会做那个决定。而后悔是因为我们现在用更加成熟的眼光去看待这个决定，这对于那时候的我们来说，要求有些过分苛刻了。就像宋语昕考试时最终选择了B，是她当时结合自己的经验，对B选项给予了最大的认可，尽管事实证明她错了，她也会后悔，但没必要苛责那时的自己。

我们已经知道了为什么会产生后悔的情绪及如何看待后悔，我们也发现了后悔往往与选择有关。那么，我们应该如何处理后悔与选择的关系呢？以下三点可供参考。

当我们后悔时，最好不要做重大选择

我们的大脑有两套系统，一套系统处理情绪和直觉，另一套系统处理思考、分析和决策，这两个系统彼此制衡。当我们处在后悔这种情绪中时，选择往往可能是不理性的，因为这个时候的选择伴随着很多的主观判断，缺乏调查分析和深入思考。为了避免更大程度的后悔，我们最好不要着急做选择，尤其是重大的选择。我们可以问一问自己是否需要在此时做选择，缓一缓再做选择可不可以？一旦我们开始让自己去思考这些问题，实际上就启动了负责理性思考的系统。

采取行动，减少“不做”带来的后悔

现实生活中会面临一些两难的选择：此刻不如人意，改变也许会变得更好，但也有一定概率会变得更糟。即这两个选择的结果都有好有坏，在结果出来前并没有确定的答案。比如，小升初的时候，是否要去离家远、需住校甚至租房的那个示范初中？当“去”还是“不去”摆在面前的时候，我们如何做选择？

美国心理学家卡尼曼和米勒提出了“后悔时间模型”理论，即在短期内，“做”比“不做”导致的后悔程度更高，而从长期看，“不做”比“做”带来的后悔情绪更持久。比如，中午跟朋友说的那个秘密、睡前吃的某垃圾食品等让我们很后悔，而童年时期没有去迪士尼乐园、小学的时候没有去考舞蹈等级、初一的时候没有选择那所学校等，这些都可能让你后悔更久。

美国作家马克·吐温说：“之后的二十年，你更可能因为那些你没有去做的事情而后悔，而不是因为那些你做了的事。所以，扔开绳索，从安全的港口出发，在航行中去遭遇信风、去探索发现。”在面对两难局面时最好采取行动，从而避免“不做”带来的后悔。

用“将来时”表达，缓解后悔的情绪

可能有人会问：“如果做了选择，以后后悔怎么办？”这里给大家一个小建议：选择用“将来时”去表达后悔这种情绪，你会发现效果不一样。任何选择都有两面性，当不好的结果出现时，后悔是人之常情，我们常常会用“如果当时我不那么做就好了……”来怀疑和苛责自己，就好像后悔有用一样。而如果我们选择用“今后再遇到类似的情况，我们可以这样做……”这种反思与复盘的态度去看待当前的结果，会有更积极的效果。

俗话说：“人生不如意事十之八九。”每个人的人生都有令人遗憾的事。在那些不如意和遗憾背后，我们如何平复自己的后悔情绪呢？可以尝试下面这几个方法。

接纳那些不可控的事

人生中有很多的选择，有些选择的结果是我们不可控的，比如，我们选择了一所学校上学，努力是我们可控的，而是否被老师关注是我们不可控的；期中考试时，认真答题是我们能控制的，而题目难度是我们不可控的。请在下图中写出“我能控制的”和“我无法控制的”具体内容。如果我们能把握我们可控的部分、接纳不可控的部分，那么我们便会多一份坦然、少一份后悔。

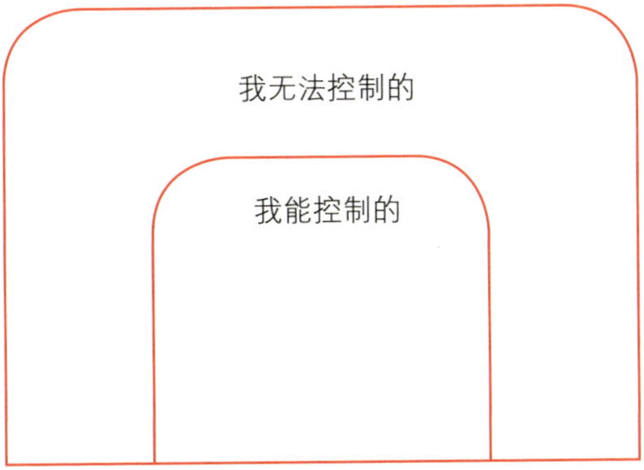

积极转换，平复后悔

我们做一件事时，无论最终的结果会不会令我们后悔，我们都可以尝试转换看待后悔的方式，平复后悔的心情。

步骤一：写下后悔事件的另一种选择可能产生的 3 个糟糕结果，比如，你后悔没参加周末的象棋比赛，那么，就写出你去参加象棋比赛可能产生的 3 个可怕后果；

步骤二：写下后悔事件已做选择的 3 个积极意义，比如，你选择了不去参加象棋比赛，那么，就写出不去参加比赛的积极影响；

步骤三：写下后悔以后你可以去做的 3 件事，比如，当你参加象棋比赛产生了不好的结果时，你可以做哪些喜欢的事情帮助你平复心情。

人生无憾是一个理想境界，很少有人可以做到事事完美。在后悔中收获，从后悔中成长，谨慎去选择，勇敢去承担，这才是后悔带给我们的意义。

9

点亮你幸福的火花

感觉生活好没意思，几乎没有让我觉得期待的事情

有人说，幸福是一种只可意会不可言传的东西，大概像吃了一颗棉花糖，有甜甜的感觉；或者像天上飞的小鸟，自由又自在；有人说，幸福是现实情况超乎心中期望时的一种欣喜；还有人说，幸福是需要用心才能获得的一种能力，就像大部分能力一样，需要我们勤加练习才能熟练掌握！到底什么是幸福呢？2021年元旦热映的电影《心灵奇旅》将幸福比喻成“火花”，剧中的音乐教师乔伊·高纳的幸福火花是成为一名爵士钢琴家，夏日骑着单车呼吸新鲜空气、看夜空中烟花璀璨、感受海水轻轻漫过脚背的瞬间……作为一名学生，你的幸福是什么呢？

林子宸是一名初一的学生，忙碌的学习充斥着他每天的生活，心情的好坏随智慧平板上显示的成绩曲线而起伏不定，每日重复的生活让子宸感觉生活好没意思。回想一下，小时候与小伙伴们玩溜溜球、拼积木的时光真的很快乐，应该算最快乐的时光了吧，现在的他好像没有特别期待的事情，不知道幸福是什么滋味……“幸福在哪里呀，幸福在哪里……”窗外的秋雨淅淅沥沥，有时急有时缓，枯黄的秋叶随雨水一起被无节奏地拍打着，子宸有气无力地趴在书桌上，哼着不知有没有走调的歌曲，却怎么也找不到以前的那种幸福感觉了。

心理学上将幸福解释为“心流”或“满意的感觉”，即你感觉幸福时，时间仿佛为你而停止，你现在全身心投入做的事正是你一直想做的，而且你希望它永不停止。美国“积极心理学之父”马丁·塞利格曼在《持续的幸福》一书中阐述了“幸福 PERMA 理论模型”，即“幸福 2.0”的 5 个元素：

积极情绪（positive emotion）：你感受到的是一种快

乐、愉悦、高兴、狂喜、舒适、温暖的情绪；

投入（engagement）：全身心地投入，等事情完成以后你会惊觉“时间过得好快”；

意义（meaning）：这件事的价值，你认为这件事不仅对自己有帮助，而且对他人与社会都有助益；

成就（accomplishment）：改善了自己的生活、掌握了一种技能、实现了一个有价值的目标等，它是一种终极追求；

人际关系（relationship）：帮助别人，与他人建立有意义的积极关系。

比如，当你专注地进行本班级运动会视频的剪辑，完成后发现竟然已经过了一下午，你并不觉得累，反而心生一种满意的感觉，这是“积极情绪”与“投入”；你剪辑视频的过程是在提升个人视频剪辑技术，同时提升自己在班级同学心中的好感度，更重要的是为本班级宣传与资料留存作出了很大的贡献，这是“意义”与“成就”；在剪辑视频的整个过程中，凡是与老师、同学、班级、学校等产生的沟通与协调都属于建立关系，这就是“人际关系”。

日常生活中，幸福可以是画画、阅读、唱歌、演奏音乐、做饭、打排球、吃比萨、吃甜甜圈、解一道题、写日记、看蓝天白云、看落日晚霞、去跑步、与好友玩耍等，也可以是对知识、力量、美德等的欣赏与追求……由于知识水平不同、经历不同，所以每个人对幸福的理解和需要也不同。贫穷年代的人觉得只要吃饱饭就是幸福，山里的孩子觉得能学习知识就是幸福，身体残疾的人认为只要健康就是幸福……每个人对幸福的定义是不一样的。对幸福的定义，千人千面，但追求幸福的方法却有迹可循。

打开幸福的三个通道

奥地利著名心理学家维克多·弗兰克尔曾提出过活出生命意义的三个通道，也可以理解为获得幸福的三个通道。

获得幸福的三个通道		举例
1	感受：借由我们悦纳人生与自己的态度来感受幸福 我们要从态度上接纳当下的自己，用欣赏的眼光去看世界，用平和的心态去感受自己	• 驻足感受当下这淡淡的秋意 • 静静感受坐在教室里的感觉 • 感受自己现在的一呼一吸
2	行动：借由我们所接触领域的广度与深度来体验幸福 我们要出去走走，用自己的脚步丈量世界的广度，用自己的心去体验更深刻、更丰富的情感等	• 以骑行的方式体验一次旅游 • 去一个从来没有去过的地方 • 深入学习一个感兴趣的技能
3	创造：借由我们给予世界与他人的价值来创造幸福 用我们自己的力量与爱，去帮助更多需要帮助的人，包括小动物	• 选择某一天去街上帮助三个人 • 尝试每天说三句赞美他人的话 • 给贫困山区的孩子捐赠物资

珍惜自己当下的幸福

电影《心灵奇旅》的结尾部分是关于一条鱼对幸福的追问。一条小鱼游到一条老鱼旁边问："我要找到他们称之为海洋的东西。""海洋？"老鱼问，"你现在就在海洋里啊。""这儿？"小鱼说，"这儿是水。我想要的是海洋……"

老鱼沉默地笑笑，转身游走了。

其实，幸福不在未知的远方，它就在当下的这一刻，我们要多去发现并感恩生活中的点滴幸福。正如著名心理学家陈海贤在其著作《幸福课：不完美人生的解答书》中所说："有关于幸福的意义是人自己赋予的，我们应该是幸福的回答者，而不是简单的提问者。"

幸福之于我们犹如水之于鱼儿一样，因为幸福的滋养，我们才会感受到人间的美好、万物的可爱。我们可以通过以下练习尝试寻找幸福的真谛。

手绘“幸福火花”图

每个人都有自己的幸福火花，比如，当你抬起头看广阔湛蓝的天空，看秋天黄叶盘旋轻轻落下，感受阳光照在身上的温暖，品尝比萨的美味，回应陌生人对你投来的善意微笑……这些简简单单的生活点滴就是幸福火花本身!

①请将以往生活中带给你幸福感受的人和事物绘制在一张白纸上，完成一幅属于你自己的“幸福火花”图。

②可以为“幸福火花”图中你特别喜欢的人和事物手绘一朵“小红花”或一颗“小星星”，如果可以邀请你的好朋友和你一起绘制就更好了。

打卡“幸福火花”勋章

（1）请把对未来幸福的期待写在下图的“幸福火花”勋章中。你可以从想要感受什么、体验什么、创造什么等角度出发去书写（对未来幸福的期待可以关于兴趣爱好、宠物陪伴、家人互动、未来梦想等）；

（2）请记住你当下这份对幸福的期盼。不管书写的是什么，这份由你自己发出的幸福清单一定代表着你对未来幸福的殷切期盼。

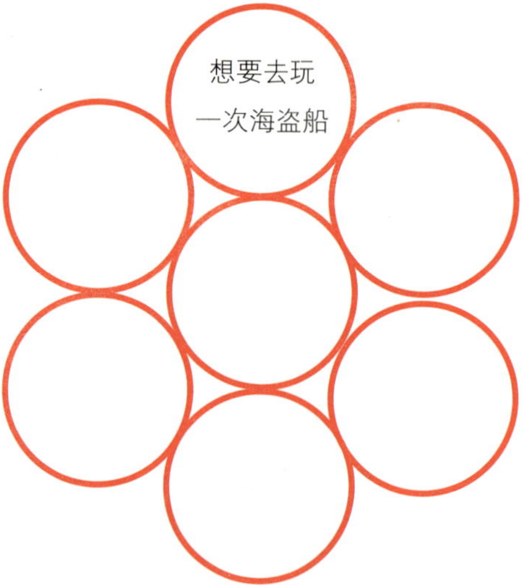

(3) 未来的日子，你们家可以设立一个专属的“幸福火花”日。具体可以这样做：

- 选择一个有特殊意义的日子（幸运数字、生日都可以）；
- 与家人一起打卡“幸福火花”勋章上的幸福清单；
- 记录家庭成员在“幸福火花”日的真实感受。